Aus dem Programm Hans Huber
Psychologie Lehrtexte

Wissenschaftlicher Beirat:
Prof. Dr. Dieter Frey, München
Prof. Dr. Kurt Pawlik, Hamburg
Prof. Dr. Meinrad Perrez, Freiburg (Schweiz)
Prof. Dr. Hans Spada, Freiburg i. Br.

Weitere Bücher zur Statistik und Methodenlehre bei Hans Huber (Auswahl):

Willi Hager / Jean-Luc Patry / Hermann Brezing (Hrsg.)
Evaluation psychologischer Interventionsmaßnahmen
Standards und Kriterien: Ein Handbuch
289 Seiten (ISBN 3-456-83245-1)

Rainer Leonhart
Lehrbuch Statistik
Einstieg und Vertiefung
496 Seiten (ISBN 3-456-84034-9)

Jürgen Rost
Lehrbuch Testtheorie - Testkonstruktion
Zweite, vollständig überarbeitete und erweiterte Auflage
426 Seiten. Mit CD-ROM
(ISBN 3-456-83964-2)

Stephan Jeff Rustenbach
Metaanalyse
Eine anwendungsorientierte Einführung
291 Seiten (ISBN 3-456-83802-6)

Weitere Informationen über unsere Neuerscheinungen finden Sie im Internet unter:
http://verlag.hanshuber.com oder per E-Mail an: verlag@hanshuber.com

Sieghard Beller

Empirisch forschen lernen

Konzepte, Methoden, Fallbeispiele, Tipps

Verlag Hans Huber
Bern · Göttingen · Toronto · Seattle

Adresse des Autors:
Dr. Sieghard Beller
Institut für Psychologie
Abteilung Allgemeine Psychologie
Universität Freiburg
D-79085 Freiburg
E-Mail: beller@psychologie.uni-freiburg.de

Lektorat: Monika Eginger
Herstellung: Daniel Berger
Umschlag: Atelier Mühlberg, Basel
Druck und buchbinderische Verarbeitung: AZ Druck und Datentechnik, Kempten
Printed in Germany

Bibliographische Information der Deutschen Bibliothek
Die Deutsche Bibliothek verzeichnet diese Publikation in der Deutschen Nationalbibliographie;
detaillierte bibliographische Daten sind im Internet über http://dnb.ddb.de abrufbar.

Anregungen und Zuschriften bitte an:
Verlag Hans Huber
Länggass-Strasse 76
CH-3000 Bern 9
Tel: 0041 (0)31 300 4500
Fax: 0041 (0)31 300 4593
E-Mail: verlag@hanshuber.com
Internet: http://verlag.hanshuber.com

Erste Auflage 2004
© 2004 by Verlag Hans Huber, Bern
ISBN 3-456-84091-8

Inhaltsverzeichnis

Vorwort

Die sozialwissenschaftliche Forschung allgemein und die psychologische Forschung im Besonderen sind in vielen Bereichen stark empirisch ausgerichtet. Im Laufe der Zeit wurde ein breiter Kanon von Forschungsmethoden entwickelt, die helfen, vielfältige Fragestellungen zu beantworten. Welche Prognosen kann man aus Wahlumfragen ableiten? Welche Faktoren hängen mit der Lebenszufriedenheit nach einer Rehabilitationsmaßnahme zusammen? Führt ein neues Lehrkonzept zu einer Verbesserung des Unterrichts? Dies alles sind Beispiele, in denen sich empirische Methoden gewinnbringend einsetzen lassen. Die Kenntnis der grundlegenden Konzepte und Methoden, ihrer Anwendungsbedingungen, Stärken und Schwächen ist Voraussetzung dafür, Ergebnisse empirischer Studien beurteilen zu können und Fehler bei der Konzeption und Durchführung eigener Studien zu vermeiden.

Das vorliegende Buch beantwortet folgende Fragen: Was **Übersicht** motiviert empirische Untersuchungen, und wie kommt man von einer Frage zu einer konkreten Hypothese? Wie führt man eine Befragung durch, und wie funktionieren psychologische Tests? Wie bereitet man die Daten einer Untersuchung auf, und wie erkennt man suggestive Darstellungen von Daten? Wie erhebt man eine repräsentative Stichprobe, und wie aussagekräftig sind Stichprobenuntersuchungen überhaupt? Wie funktioniert der Signifikanztest, und was bedeuten seine Ergebnisse? Wie legt man einfache Experimente an, und mit welchen statistischen Verfahren wertet man sie aus? Und schließlich: Nach welchen Standards fasst man einen Untersuchungsbericht ab? Was so geballt vielleicht ermüdend klingt, wird im konkreten Fall ausgesprochen spannend.

Ausgehend von einzelnen Untersuchungsszenarien werden die Kernkonzepte leicht verständlich eingeführt. Ihre Umsetzung wird mit zahlreichen Beispielen erläutert und ergänzt mit Tipps für die Anwendung. Die Lektüre setzt keine Vorkenntnisse voraus. Ziel ist es, ein grundlegendes Verständnis methodischer Konzepte ohne überflüssige formale Darstellung zu vermitteln.

Empirisch forschen lernen

Das Lehrbuch kann als kompakte Orientierung zu vielen Themen nur einen Einstieg bieten. Hinweise auf weiterführende und vertiefende Literatur sind deshalb am Ende jeden Kapitels angegeben.

Das Buch ist insbesondere als Arbeitsbuch konzipiert. Zur besseren Orientierung sind alle zentralen Begriffe in einer seitlichen Spalte hervorgehoben. Absätze mit wichtigen theoretischen Prinzipien oder praktischen Tipps sind mit einem Ausrufezeichen markiert. Und am Ende eines jeden Kapitels finden Sie Anregungen für eigene Übungen; die Lösungen werden am Ende des Buches ausführlich erklärt.

Empirisch forschen lehren: Das EVA-Prinzip

Das Lehrbuch entstand als Grundlage für einen ein-semestrigen Methodik-Kurs für Studierende im Nebenfach Psychologie. Das didaktische Konzept stützte sich auf drei Säulen:

- selbständiges *Erarbeiten* der Themen auf der Basis des Lehrtextes,

- *Vertiefung* einzelner Themen in den Kursstunden und

- praktische *Anwendung* des Gelernten in einer von den Studierenden selbst konzipierten empirischen Untersuchung.

Zur Begleitung war deshalb ein Lehrtext erforderlich, der die methodischen Kernkonzepte vorstellte und sich in sechs bis acht Wochen Abschnitt für Abschnitt durcharbeiten ließ. Das *EVA-Prinzip* ermöglicht diskursive und abwechslungsreiche Kursstunden mit gut vorbereiteten Teilnehmern und Teilnehmerinnen und gibt zudem einen direkten Einblick in die praktische Umsetzung der erworbenen Kenntnisse. Diese Kursreihe zur Forschungsmethodik wurde 2003 mit dem Landeslehrpreis des Ministeriums für Wissenschaft, Forschung und Kunst, Baden-Württemberg, ausgezeichnet.

Dank

Danken möchte ich zuallererst den Studierenden meiner Empiriekurse 2001, 2002 und 2003, die mit großem Engagement teilgenommen und mit vielen Rückmeldungen auch zur Gestaltung dieses Buches beigetragen haben. Danken möchte ich darüber hinaus insbesondere Prof. Dr. Sven Litzcke (FH Bund), Diplompsychologin Miriam Bertholet, Gregory Kuhnmünch und Dr. Markus Wirtz (Universität Freiburg) für die aufmerksame Durchsicht des Manuskripts. Von ihren Hinweisen hat der Text sehr profitiert. Mein Dank gilt auch Prof. Dr. Hans Spada (Universität Freiburg), der meine Lehrprojekte immer fördernd begleitet hat, sowie meiner Frau, Dr. Andrea Bender (Universität Freiburg), die immer wieder aufs Neue eine Quelle von Ideen und Motivation ist.

Freiburg im Juni 2004   Sieghard Beller

1. Von der Fragestellung zur Untersuchung

Ein Meinungsforschungsinstitut erforscht in regelmäßigen Abständen die Bekanntheit und Beliebtheit von Politikern und Politikerinnen, erfragt die Ansichten zu aktuellen Themen und stellt natürlich auch immer die klassische Frage: "Wie würden Sie wählen, wenn am nächsten Sonntag Wahl wäre?" Bei der letzten Umfrage wurden 2.000 Personen befragt. Die Ergebnisse wurden in der Presse veröffentlicht und im Fernsehen vorgestellt. Es wurde ausführlich diskutiert, was sie allgemein und insbesondere für die nächste Wahl bedeuten. Wie aussagekräftig sind solche Untersuchungen? **Beispiel 1: Wahlumfrage**

Nach Unfällen oder schweren Krankheiten durchlaufen Personen meist spezielle Rehabilitationsmaßnahmen, die darauf abzielen, möglichst die volle Gesundheit und Berufsfähigkeit wieder herstellen. Sind die Reha-Maßnahmen zu Ende, werden die Personen nach Hause in den Alltag entlassen. Wie zufriedenstellend ist dann ihre Lebenssituation? Im Auftrag eines Rentenversicherungsträgers untersucht ein Psychologisches Institut die Lebenszufriedenheit nach Reha-Maßnahmen an acht verschiedenen Kliniken. Welchen Einfluss haben die berufliche Situation und die Beziehung, wie wirken sich chronische Schmerzen oder Gesundheitssorgen aus? **Beispiel 2: Lebenszufriedenheit**

In einem Weiterbildungsinstitut werden zwei neue Lehrmethoden N1 und N2 diskutiert, die unterschiedlichen pädagogischen Prinzipien folgen. Eine Entscheidung für eine der Methoden fällt schwer, und so entschließt man sich, beide Methoden in inhaltlich gleichen Veranstaltungen umzusetzen und mit der bisher praktizierten Methode A zu vergleichen. Je zehn Personen nehmen an der Weiterbildungsveranstaltung teil. Davor und danach müssen sie einen standardisierten Wissenstest mit einfachen Behaltensaufgaben und komplexeren Transfer- und Anwendungsaufgaben bearbeiten. Dabei erfasst man die Bearbeitungszeit und die Zahl korrekter Lösungen und hofft so, Aufschluss über die Effekte der einzelnen pädagogischen Prinzipien auf das Lernen zu erhalten. **Beispiel 3: Vergleich von Lehrmethoden**

In allen drei Szenarien – Wahlumfrage, Lebenszufriedenheit und Lehrmethodenvergleich – wird eine empirische Untersuchung durchgeführt. Bereits die Bezeichnung *empirisch* macht das zentrale, charakterisierende Merkmal solcher Untersuchungen deutlich: In ihrem Verlauf werden systematisch *Erfahrungsdaten* erhoben und ausgewertet, um daraus Rückschlüsse zu ziehen. Bei der Wahlumfrage werden Beliebtheitswerte und Wahlpräferenzen erhoben, bei der Lebenszufriedenheitsstudie werden verschiedene Facetten der aktuellen Lebenssituation erfasst und beim Vergleich der Lehrmethoden kommen Wissenstests zum Einsatz.

Empirische Untersuchungen werden nicht zum Selbstzweck durchgeführt. Vielmehr sollen *Erkenntnisse über einen Gegenstandsbereich* im Hinblick auf bestimmte *Fragen* und *Ziele* gewonnen werden. Bei der Wahlumfrage ist das Ziel die Beschreibung eines Meinungsbildes, um daraus konkrete Wahlprognosen abzuleiten. Bei der Lebenszufriedenheitsstudie möchte man Zusammenhänge zwischen einzelnen Facetten der Lebenssituation und der Lebenszufriedenheit identifizieren, um konkrete Problembereiche auszumachen. Beim Lehrmethodenvergleich schließlich besteht das Ziel darin, die Auswirkung verschiedener didaktischer Prinzipien zu prüfen, um herauszufinden, welche Prinzipien den Lernerfolg nachhaltig verbessern.

Fragen, Erfahrung, Erkenntnis

Diese Charakterisierung empirischer Forschung betont drei Aspekte – die Rolle von Fragen, die Erhebung von Erfahrungsdaten und den Erkenntnisgewinn. In diesem Kapitel werden wichtige Begriffe und Unterscheidungen in Bezug auf diese drei Aspekte erläutert. Am Ende wird eine Übersicht über den allgemeinen Ablauf empirischer Untersuchungen gegeben, und gleichzeitig werden die Themen der weiteren Kapitel kurz vorgestellt.

1.1 Von Fragen zu Hypothesen

Grundlagen-/ Anwendungsforschung

Wie kommen Wissenschaftler überhaupt auf Fragen? In der Grundlagenforschung interessieren vorwiegend offene theoretische Probleme. Ziel ist es, allgemeine Erkenntnisse über die Welt und den Menschen zu gewinnen. Manchmal werden Fragen gezielt aus wissenschaftlichen Theorien abgeleitet, manchmal greifen Wissenschaftler auf Erkenntnisse aus anderen Bereichen zurück, ohne bereits eine Ausgangstheorie zu haben, oder sie analysieren vorliegende empirische Untersuchungen und gewinnen daraus weiterführende Fragen. In der Anwendungsforschung interessieren dagegen ungelöste praktische Probleme. Ziel ist weniger der Erkenntnisgewinn – wobei ein solcher ebenfalls erreicht wird – Ziel ist vielmehr die konkrete Lösung eines Problems und seine praktische Umsetzung. Anwendungsforschung ist deshalb häufig Auftragsforschung oder wird direkt von größeren Firmen durchgeführt. Empirische Untersuchungen geben dabei Antworten auf *empirisch* beantwortbare Fragen. Was unterscheidet solche Fragen von *analytisch* zu beantwortenden Fragen?

Eine Frage ist analytisch beantwortbar, wenn man ein theoretisches Verfahren kennt – oder sich ein solches zumindest im Prinzip vorstellen kann – das die interessierende Frage beantworten kann. Analytisch beantwortbar sind zum Beispiel Fragen nach der Gültigkeit mathematischer Sätze, nach der Anzahl verschiedener Sitzordnungen bei einer Geburtstagsfeier mit 12 Gästen oder nach der Konsistenz psychologischer Theorien. Dass eine Frage analytisch zu beantworten ist, heißt allerdings nicht, dass man auch in jedem Fall eine Antwort findet. So gibt es viele mathematische Fragen, für die man bis heute keinen Beweis kennt. Wieviele Primzahlzwillinge gibt es? Primzahlzwillinge nennt man ein Primzahlen-Paar, das genau den Abstand von zwei hat, wie zum Beispiel 11 und 13. Gibt es endlich oder unendlich viele solcher Zwillinge? Natürlich könnte man diese Frage auch empirisch angehen und einen Computer so programmieren, dass er nacheinander immer größere Primzahlen berechnet. Aber letztendlich ließe sich die Frage auf diese Art nicht beantworten. Man würde unendlich viel Zeit benötigen, weil unendlich viele Zahlen zu prüfen wären.

Analytische Fragen

Bei empirischen Fragen muss man Messungen vornehmen, Personen befragen oder ganz allgemein gesprochen: Man muss Daten sammeln. Hier einige Beispiele von Fragen aus dem Bereich der Allgemeinen Psychologie, die nur empirisch beanwortbar sind: Wie operieren Personen mit Objekten in ihrer Vorstellung? Was ist die Ursache von Aggression? Welche Mechanismen verstärken ein Verhalten beim Lernen? Oder: Welche Merktechniken tragen zu einer Verbesserung der Gedächtnisleistung bei?

Empirische Fragen

Hat man bereits eine Vermutung darüber, wie die Antwort auf eine Frage lauten könnte, so spricht man von einer Hypothese. Wie in späteren Abschnitten noch genauer erläutert werden wird, werden in vielen empirischen Untersuchungen gezielt Hypothesen geprüft. Man könnte beispielsweise vermuten, dass ein Gelingen der beruflichen Wiedereingliederung die Lebenszufriedenheit nach einer Reha-Maßnahme sehr stark beeinflusst, oder dass eine der neuen

Hypothesen

Lehrmethoden N1 oder N2 zu einem besseren Lernergebnis führt als die alte Methode. Untersuchungen sind jedoch nicht in jedem Fall hypothesengeleitet; manchmal interessiert einfach der Status quo in Bezug auf einzelne Größen. Im Wahlumfrageszenario beispielsweise soll einfach das gerade aktuelle Meinungsbild möglichst genau erfasst werden. Haben sich die Beliebtheits- und Bekanntheitswerte der Politiker nach dem jüngsten Skandal verändert? Wirkt sich dies auf das Wahlverhalten aus?

Wissenschaftliche Hypothesen

Durch welche Eigenschaften zeichnen sich wissenschaftliche Hypothesen aus? Wissenschaftliche Hypothesen gehen in der Regel über den Einzelfall hinaus. Es sind allgemeine Behauptungen, die man auch als Konditional- oder Je-desto-Aussage formulieren kann (Bortz & Döring, 2002):

Wenn Bedingung X zutrifft, dann tritt Folge Y ein.

Je größer X, desto kleiner Y.

Zu Beginn einer Untersuchung weiß man natürlich noch nicht, ob eine Hypothese zutrifft oder nicht – dies herauszufinden ist ja gerade das Ziel einer empirischen Untersuchung. Das bedeutet aber auch, dass Hypothesen potenziell *falsifizierbar* sein müssen. Es sollten demnach empirische Beobachtungen möglich sein, die der Konditional- beziehungsweise der Je-desto-Aussage widersprechen:

Bedingung X trifft zu, aber Folge Y tritt *nicht* ein.

X wird größer, Y aber *nicht* kleiner.

Ohne die potenzielle Falsifizierbarkeit sind Hypothesen nicht empirisch testbar.

Beispiele für Hypothesen

Zu den vorigen Fragen aus dem Bereich der Allgemeinen Psychologie wurden folgende Hypothesen formuliert:

Mentale Rotation: Personen gehen mit vorgestellten Objekten im Geiste genauso um wie mit realen Objekten. Sollen sie etwa entscheiden, ob zwei in einem bestimmten Winkel zueinander stehende Objekte gleich sind, so gilt: Wenn der Rotationswinkel größer wird, dann erhöht sich die Entscheidungszeit proportional. Probieren Sie es selbst aus! Bei welcher der beiden Konstellationen – links oder rechts – können Sie schneller entscheiden, ob die Buchstaben die gleiche Ausrichtung haben oder spiegelverkehrt sind?

Gleiche Ausrichtung?   Gleiche Ausrichtung?

20°   150°

Die Buchstaben haben jeweils dieselbe Ausrichtung, links erkennt man dies rasch "auf den ersten Blick", rechts muss man die Buchstaben erst durch "mentale Rotation" zur Deckung bringen.

Frustrations-Aggressions-Hypothese der Motivation: Wenn Personen Frustration erleben, dann reagieren sie mit Aggression.

Operantes Konditionieren: Wenn auf ein Verhalten eine positive Verstärkung folgt, dann erhöht sich dessen Häufigkeit.

Verarbeitungstiefe und Gedächtnis: Je besser Personen Lernmaterial für sich elaborieren, desto besser erinnern sie es später.

Alle vier Hypothesen sind allgemeine Behauptungen, und bei jeder kann man sich vorstellen, dass sich die Wirklichkeit anders verhält, als es die Hypothese behauptet, das heißt, die Hypothesen sind potenziell falsifizierbar.

Die Frustrations-Aggressions-Hypothese gilt heute als widerlegt. Frustration hat sich weder als notwendig noch als hinreichend für Aggression erwiesen. Die anderen drei Hypothesen dagegen haben sich empirisch bewährt.

Ein Beispiel für eine Aussage, die nach den oben genannten Kriterien *keine* wissenschaftliche Hypothese ist, lautet:

Keine Hypothese

Es gibt Studierende, die in Vorlesungen immer aufmerksam sind.

Das Problem dieser Aussage ist, dass sie eine Existenz-Behauptung beinhaltet: "Es existiert mindestens ein Student oder eine Studentin, der oder die in Vorlesungen immer aufmerksam ist". Um sie zu belegen (zu verifizieren), genügt es, eine einzige Person zu finden, auf die die Aussage zutrifft. Das ist vielleicht nicht einfach, aber noch schwieriger ist es, diese Aussage zu widerlegen. Um zu zeigen, dass es keine solche Person gibt, müsste man alle Studierenden in allen Vorlesungen untersuchen – ein unmögliches Unterfangen.

1.2 Von Hypothesen zu Daten

Untersuchungsgegenstand sozialwissenschaftlich empirischer Forschung ist zumeist die einzelne Person. Man kann aber auch größere Einheiten untersuchen, zum Beispiel Schulklassen oder Betriebe, oder Objekte wie Zeitungsartikel. Egal, welche Untersuchungseinheit letztendlich gewählt wird, beschrieben werden sie alle durch *Merkmale* und deren *Ausprägungen*. Weil die Ausprägung von Merkmalen verschiedene Werte annehmen kann, also variabel ist, spricht man auch von *Variablen*.

Definition: Variable

Variable	Merkmalsausprägungen	Art
Abiturnote	1,0; 1,1; 1,2; 1,3; ... 5,7; 5,8; 5,9; 6,0	diskret/polytom
Regenbogenfarben	violett, blau, grün, gelb, orange, rot	diskret/polytom
Beliebtheit	niedrig = 1, 2, 3, 4, 5, 6, 7 = hoch	diskret/polytom
Wellenlänge des Lichts	400 nm ... 700 nm	kontinuierlich
Bearbeitungszeit	0 ... X Minuten	kontinuierlich

Variablen-arten

Bei der Wahlumfrage sind mögliche Variablen: Bekanntheit von Politiker A, Beliebtheit von Politikerin B oder gewählte Partei. Bei der Lebenszufriedenheitsstudie sind die Variablen Lebenszufriedenheit, Gesundheitssorgen und Erfolg der beruflichen Wiedereingliederung genannt und im Lehr-Szenario die Bearbeitungszeit sowie die Zahl korrekt gelöster Aufgaben. Die Tabelle oben nennt weitere Beispiele für Variablen und deren mögliche Ausprägungen.

Merkmale können in *diskreten*, nicht weiter unterteilbaren Einheiten variieren. Dies gilt für die Abiturnote, die in Zehntelschritte unterteilt ist, oder für unsere Wahrnehmung der Regenbogenfarben nach den Spektralfarben. Diskrete Merkmale mit zwei Kategorien bezeichnet man als *dichotom*. Die Variable Geschlecht ist ein Beispiel; sie hat die Ausprägungen männlich/weiblich. Bei mehr als zwei Kategorien nennt man eine Variable *polytom*. Merkmale können sich aber auch auf einem Kontinuum unterscheiden. Die physikalische Wellenlänge des Lichtes oder die Bearbeitungszeit für eine Aufgabe sind solche *kontinuierlichen* Variablen.

Weiterhin wird unterschieden zwischen manifesten und latenten Variablen. *Manifeste Variablen* sind direkt beobachtbar wie etwa die Zahl gelöster Aufgaben in einem Test. *Latente Variablen* sind dagegen nicht direkt beobachtbar. Sie müssen anhand der Ausprägung manifester Variablen erschlossen werden. Die Ausprägung der Variable 'Intelligenz' etwa wird durch die Zahl gelöster Aufgaben in speziellen Intelligenztests erschlossen.

Latent: Intelligenz

Manifest: Aufgabenlösung

Nicht nur in Naturwissenschaften wie Physik oder Chemie wird gemessen, sondern auch in sozialwissenschaftlichen Untersuchungen. Allgemein kann man sagen: Eine Variable wird gemessen, sobald ihr eine beobachtete Merkmalsausprägung zugeordnet wird.

Messung

Funktionen von Variablen

Im Kontext empirischer Untersuchungen können Variablen unterschiedliche Funktionen haben. Man unterscheidet grundsätzlich zwischen abhängigen Variablen (abgekürzt: *aV*) und unabhängigen Variablen (abgekürzt: *uV*). Die Ausprägungen der unabhängigen Variablen werden in einer Untersuchung gezielt "hergestellt". Auf die Ausprägungen der abhängigen Variablen dagegen nimmt man weiter keinen direkten Einfluss; sie hängen von der Wirkung der unabhängigen Variablen ab. Dies hat den Vorteil, dass sich Veränderungen in einer abhängigen Variablen mit dem kausalen Einfluss von einer oder mehreren unabhängigen Variablen *erklären* lassen, vorausgesetzt, alle weiteren Merkmale der Situation sind konstant, sodass andere mögliche Einflussfaktoren ausgeschlossen sind.

Abhängige vs. unabhängige Variablen

Im Wahlumfrageszenario hat man es mit einer deskriptiven Untersuchung zu tun. Beschrieben werden soll das aktuelle Meinungsbild der wahlberechtigten Bürger. Hierbei werden nur abhängige Variablen erhoben – eben die Variablen Bekanntheit von Politikern, Beliebtheit von Politikern und Präferenz für eine Partei. Die genaue Ausprägung der Variablen ist unbekannt und soll in der Untersuchung gemessen werden. Eine unabhängige Variable ist hier nicht beteiligt, da keine Variable systematisch vom Untersucher variiert wird. Analoges gilt für die Reha-Studie und die Frage nach

	Wahl-umfrage	Reha-Studie	Lehrmethoden-vergleich
uV	–	–	• Lehrmethode
aV	• Bekanntheit von Politiker A • Beliebtheit von Politikerin B • Parteipräferenz	• Lebenszufriedenheit • Gesundheitssorgen • Berufliche Eingliederung	• Gelöste Behaltensaufgaben • Gelöste Transferaufgaben • Bearbeitungszeit

der Lebenszufriedenheit. Beim Lehrmethodenvergleich kommt eine unabhängige Variable hinzu. Hier interessiert, wie sich drei unterschiedliche didaktische Methoden auf die Lernleistung auswirken. Die Variable 'Lehrmethode' stellt dabei die unabhängige Variable dar. Sie hat drei Ausprägungen: die beiden neuen Lehrmethoden N1 und N2 sowie die herkömmliche, alte Methode A. Als abhängige Variablen werden die Lösungszeit bei der Bearbeitung der Wissenstests gemessen und die Zahl korrekt gelöster Behaltens- und Transferaufgaben erhoben.

Hypothesen und Variablen

Hypothesen: Beziehung zwischen Variablen

Wie hängen Hypothesen und Variablen zusammen? Hypothesen drücken Beziehungen zwischen Variablen aus. Dies sind nicht notwendigerweise Ursache-Wirkungs-Beziehungen; oft drücken sie nur aus, dass die Werte von Variablen systematisch miteinander variieren. Betrachten wir nochmals zwei der oben aufgeführten Hypothesen der Allgemeinen Psychologie:

> *Mentale Rotation*: Wenn der Rotationswinkel größer wird, dann erhöht sich proportional die Zeit, die Personen für den Vergleich zweier Objekte benötigen.

> *Frustration und Aggression*: Wenn Personen Frustration erleben, dann reagieren sie mit Aggression.

Welches sind hier die unabhängigen Variablen (uV) und welches die abhängigen (aV)? Für die Beispiele gilt:

> *Mentale Rotation*:
> uV = Rotationswinkel in Grad (20 versus 150)
> aV = Zeit, die Personen für den Vergleich benötigen (in msec).

> *Frustrations-Aggressions-Hypothese*:
> uV = Frustrationserlebnis (liegt vor versus liegt nicht vor)
> aV = aggressive Handlung (schreien, schlagen oder ähnliches)

Allgemein kann man sagen: Die im wenn-Teil einer Hypothese enthaltenen Variablen entsprechen den unabhängigen Variablen, die im dann-Teil enthaltenen entsprechen den abhängigen Variablen (Bortz & Döring, 2002).

Moderatorvariablen

Häufig gibt es neben den gezielt manipulierten unabhängigen Variablen weitere Variablen, die ebenfalls einen Einfluss auf die abhängige Variable haben. Dies muss nicht unbedingt negativ für eine empirische Untersuchung sein. Wenn man solche so genannten Moderatorvariablen kennt, kann man sie in der Untersuchung gezielt berücksichtigen. In diesem Fall spricht man von *Kontrollvariablen*. Sind Moderatorvariablen jedoch unbekannt oder werden sie übersehen, dann werden sie zu *Störvariablen,* welche die Ergebnisse einer Untersuchung uninterpretierbar machen können. Man kann dann eventuell einen beobachteten Effekt in einer abhängigen Variablen nicht mehr eindeutig auf die unabhängigen Variablen zurückführen, eben weil auch die Störvariable für den Effekt verantwortlich sein könnte. Im schlimmsten Fall geht eine bestimmte Ausprägung einer unabhängigen Variablen systematisch mit einer bestimmten Ausprägung der Störvariable einher – man sagt dann: Die unabhängige Variable und die Störvariable sind *konfundiert*. Solche Konfundierungen sind unbedingt zu vermeiden!

> Man weiß zum Beispiel, dass Lärmbelastung einen Einfluss auf die Lösungsgüte von Aufgaben hat. Liegt beim Lehrmethodenvergleich in der Gruppe mit der herkömmlichen Lehrmethode systematisch ein größerer Lärmpegel vor – etwa weil zur Zeit der Untersuchung Bauarbeiten stattgefunden haben – als in den Gruppen, die nach den neuen Methoden unterrichtet werden, so sind Lärmpegel und Lehrmethode konfundiert. Die Beobachtung einer längeren Bearbeitungszeit bei der herkömmlichen Methode könnte in diesem Fall auch auf den erhöhten Lärm zurückgehen.

Eine weitere, bedeutende Frage in Bezug auf die Variablen ist die nach ihrer *Operationalisierung*, konkret: Wie stellt man die verschiedenen Ausprägungen der unabhängigen Variablen her und mit welchem Erhebungsverfahren misst man die abhängigen Variablen? Dabei legt man gewissermaßen fest, was jede Variable *bedeutet*. Was meint beim Lehrmethodenvergleich "Das pädagogische Prinzip N1 ist *besser* als A?" Bedeutet dies, dass sich Personen in der Unterrichtssituation wohler fühlen, dass sie aktiver mitarbeiten oder dass sie hinterher mehr gelernt haben? Je nachdem würde man die Gefühle der Personen zu erfragen suchen oder die Häufigkeit von Wortmeldungen registrieren oder einen Wissenstest vorgeben. Die Entscheidung für eine bestimmte Operationalisierung ist in letzter Konsequenz immer eine normative Entscheidung, mit der gleichzeitig der Raum möglicher Ergebnisse definiert wird.

Operationalisierung

1.3 Von Daten zu Erkenntnissen

Empirische Untersuchungen werden durchgeführt, um bestimmte Fragen zu klären – letztendlich dienen sie also dem Erkenntnisgewinn. Bedingungen, Möglichkeiten und Grenzen der (wissenschaftlichen) Erkenntnis über die Welt werden im Rahmen der *Wissenschafts- und Erkenntnistheorie* thematisiert. Dabei werden Fragen diskutiert wie etwa: Was können wir Menschen im Prinzip über die Welt herausfinden? In welcher Beziehung steht unser Wissen über die Welt zu den Dingen in der Welt? Kommen wir zu "gesicherten" Erkenntnissen und, wenn ja, wie? Nach welchen Regeln und Prinzipien "funktioniert" Wissenschaft?

**Grund-
positionen**

In Bezug auf diese Frage werden eine ganze Reihe unterschiedlicher Grundpositionen diskutiert. Manche gehen bereits auf die "alten Griechen" zurück, zum Beispiel auf Platon (427-347 vor Christus) und Aristoteles (324-322 vor Christus). Zwei wichtige Paare werden im Folgenden charakterisiert, in der Kürze zwangsläufig stark vereinfacht und plakativ (vergleiche Westermann, 2000).

**Realismus vs.
Idealismus**

Nach der Position des *Realismus* gibt es eine von uns unabhängige Wirklichkeit, die wir durch Wahrnehmung erkennen können. "Die Dinge sind genau so, wie sie uns erscheinen" würde man als naiver Realist sagen; ein kritischer Realist ließe die genaue Beziehung zwischen der Wirklichkeit und dem menschlichen Denken offen. Der *Idealismus* hingegen vertritt die Position, dass die Wirklichkeit nicht unabhängig von der geistigen Welt ist: "Alle Dinge, auch materielle, werden durch nicht-materielle Ideen zur Existenz gebracht".

**Empirismus
vs. Rationa-
lismus**

Gemäß dem *Empirismus* leiten Sinneserfahrungen den Erkenntnisprozess und sind wichtigste Erkenntnisquelle. Der Erkenntnisgewinn erfolgt induktiv, das heißt, es wird von beobachteten Einzelphänomenen auf allgemeine Regeln geschlossen. Bekannte Vertreter des klassischen Empirismus sind John Locke (1632-1704) und David Hume (1711-1776). Die Gegenposition, der *Rationalismus*, betont, dass das Denken den Erkenntnisprozess leitet. Ideen regen Untersuchungen an, bestimmen ihren Zuschnitt und werden selbst durch Untersuchungen "überprüft". Als Begründer des klassischen Rationalismus gilt René Descartes (1596-1650); ein anderer bekannter Vertreter ist Gottfried Wilhelm Leibnitz (1646-1716). Einer der bekanntesten neuzeitlichen Vertreter und Begründer des so genannten kritischen Rationalismus war der britische Philosoph und Wissenschaftstheoretiker Sir Karl Popper (1902-1994).

In der Geschichte der Wissenschaften wurden diese Grundpositionen immer wieder von verschiedenen Autoren in unterschiedlichen Varianten vertreten.

Einige weitere wichtige Positionen seien zumindest noch kurz erwähnt: *Konstruktivisten* betonen, dass Erkenntnis nicht absolut ist, sondern eine individuelle beziehungsweise soziale Konstruktion von Wirklichkeit darstellt. *Pragmatiker* betonen den Nutzen wissenschaftlicher Erkenntnis für die praktische Anwendung, *Konventionalisten* betonen die oft stillschweigenden Regeln im Wissenschaftsbetrieb etwa darüber, was interessante Forschungsfragen oder angemessene Methoden sind, und radikale *Skeptiker* schließlich bezweifeln, dass der Mensch überhaupt zu gesicherten Erkenntnissen kommen kann.

Je nachdem, welche Grundposition(en) man selbst einnimmt, resultiert ein anderes wissenschaftliches Interesse und Vorgehen. Die Grundposition bestimmt wesentlich, welche Fragestellungen für interessant erachtet werden, wie man eine Fragestellung in eine konkrete Untersuchung umsetzt und welche Erkenntnisse über die Natur der untersuchten Gegenstände man aus den Ergebnissen gewinnen zu können glaubt.

Personen, die selbst empirisch arbeiten, gehören definitiv nicht zu den Skeptikern, denn sie gehen davon aus, dass sie durch empirische Untersuchungen Antworten auf ihre Fragen erhalten können. Meist wird eine Mischung aus verschiedenen Positionen vertreten. Es wird davon ausgegangen, dass es eine vom Menschen unabhängige Realität gibt, in der manche Aspekte systematisch zusammenhängen. Diese Zusammenhänge versucht man in Theorien zu fassen, sodass Ereignisse vorhersagbar werden und die Wirklichkeit aktiv verändert werden kann. Theorien sind symbolische Repräsentationen dieser Zusammenhänge – zum Beispiel in Form von mathematischen Formeln – und als solche sind sie vom Menschen konstruiert. Gebildet, geprüft und modifiziert werden sie in einem Wechselspiel von induktiven Prozessen wie der Generalisierung und deduktiven Prozessen, zum Beispiel der systematischen logischen Ableitung von Vorhersagen aus den Theorien.

1.4　Der Ablauf einer Untersuchung

Nachdem die zentralen Begriffe nun geklärt sind, soll zum Schluss dieses Kapitels der allgemeine Ablauf einer empirischen Untersuchung schematisch dargestellt werden. Verbunden damit ist eine Übersicht über die nachfolgenden Kapitel.

Empirische Untersuchungen bestehen aus einer systematischen Erhebung und Auswertung von Erfahrungsdaten. Dabei lassen sich grob die folgenden charakteristischen Schritte unterscheiden.

Vorbereitung

Im Stadium der Vorbereitung einer Untersuchung sollte Klarheit erzielt werden, welche Fragestellung genau untersucht werden soll. Gibt es bekannte Theorien zu dieser Frage? Liegen bereits Befunde aus anderen Untersuchungen vor, die man berücksichtigen muss? Hat man eine konkrete inhaltliche Hypothese? Darüber hinaus sind aber auch Rahmenbedingungen zu klären, welche die praktische Umsetzung der Untersuchung betreffen: Wer ist der Auftraggeber? Wie sind Verantwortlichkeiten verteilt? Welche Finanzmittel stehen zur Verfügung? Wie werden Kooperationen realisiert? Wie sieht der zeitliche Rahmen aus? Oder auch: Wie dürfen potenzielle Ergebnisse verwertet werden?

Planung

Sind die allgemeinen Aspekte geklärt, geht es an die konkrete Planung der Untersuchung. Die zentrale Frage lautet: Wie ist die Untersuchung zu gestalten, damit die Fragestellung überhaupt sinnvoll beantwortet werden kann? Hierzu sind eine ganze Reihe ineinandergreifender Festlegungen notwendig, welche die *Variablen*, den so genannten *Versuchsplan* (oder das *Versuchsdesign*) und die *Stichprobe* betreffen.

Variablen bestimmen

Im Hinblick auf die Variablen ist zu fragen: Welches sind die relevanten Variablen? Soll die Auswirkung bestimmter unabhängiger Variablen geprüft werden? Sind Moderatorvariablen bekannt, die berücksichtigt werden müssen? Welche abhängigen Variablen sollen erhoben werden? Und wie sollen die Variablen operationalisiert werden? – In Kapitel 2 werden nach einer genaueren Besprechung des Begriffs der *Messung* eine Reihe grundlegender Erhebungsverfahren mit ihren Stärken und Schwächen vorgestellt: *Kategoriensysteme* auch für die *Verhaltensbeobachtung*, Verfahren zur Erhebung von *Einschätzungen*, der Einsatz von *Interviews* und *Fragebögen* sowie psychologische *Tests* mit den Grundzügen der zugrundeliegende Testtheorie.

Versuchsplan erstellen

Bei der Vorbereitung einer Untersuchung muss man sich zudem für einen konkreten *Versuchsplan* entscheiden. Will man nur den Status quo hinsichtlich einzelner Merkmale beschreiben, will man Zusammenhänge zwischen Merkmalen identifizieren oder will man eine bestimmte Hypothese durch gezielte Bedingungsvariation prüfen? Das Vorgehen bei der ersten Art der Untersuchung wird in Kapitel 4 behandelt. Als Grundlage hypothesenprüfender Untersuchungen wird in Kapitel 5 das Prinzip des Signifikanztests vorgestellt. In Kapitel 6 folgen dann verschiedene Versuchsdesigns für diese Art von Untersuchungen.

Schließlich ist auch noch zu überlegen, welche *Stichprobe* von Personen untersucht werden soll. In den meisten Fällen wird man aus praktischen Gründen nur einen Bruchteil der Personen der eigentlichen Zielgruppe untersuchen können. Wichtig ist deshalb, eine repräsentative Auswahl von Personen zu gewinnen. Welche Arten von Stichproben es gibt, wie man Repräsentativität gewährleistet und wie genau Stichprobenuntersuchungen sind, wird ebenfalls in Kapitel 4 besprochen.

Stichprobe

Nachdem die Untersuchung durchgeführt wurde und alle relevanten Variablen erhoben sind, müssen die Daten ausgewertet und in Bezug auf die Fragestellung interpretiert werden. Deskriptive Statistiken geben einen Überblick über die Merkmalsverteilungen in der Stichprobe. Wichtige statistische Kennwerte werden in Kapitel 3 eingeführt, zudem werden dort Fehler und Fallen deskriptiver Statistiken besprochen. Kapitel 6 erklärt die Grundlagen einiger einfacher statistischer Tests.

Datenanalyse

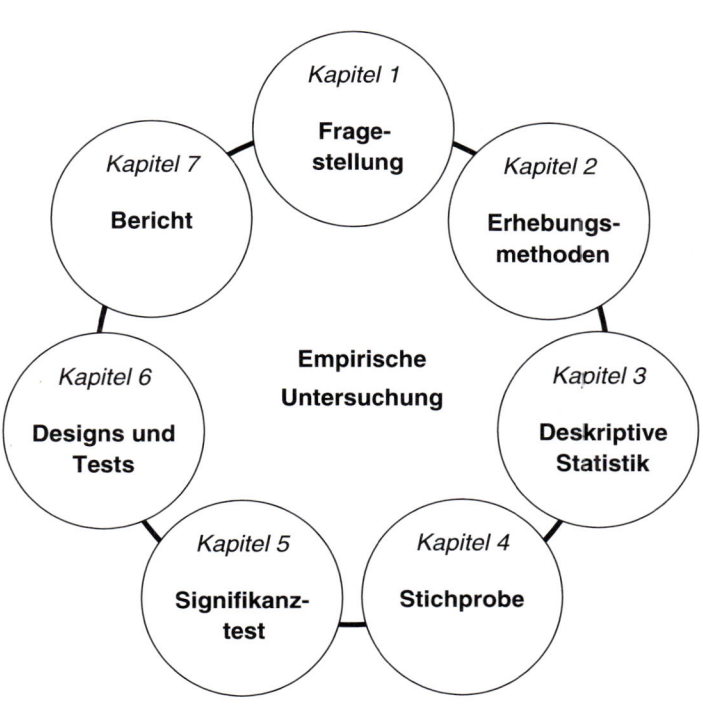

Bericht
Die Ergebnisse der Untersuchung werden schließlich in einem Bericht dokumentiert. Standards und Tipps für die Abfassung solcher Berichte werden in Kapitel 7 vorgestellt. Sie wurden speziell für psychologische Arbeiten formuliert, können aber auch ein Leitfaden sein für die Darstellung von Untersuchungen anderer Fachrichtungen.

Und damit schließt sich der Kreis. Wenn alles gut gegangen ist, dann lässt sich mit den Ergebnissen der Untersuchung die zu Beginn formulierte Frage beantworten. Das vorige Diagramm zeigt den Kreis der in den sieben Kapiteln behandelten Themen von der Fragestellung bis zum Untersuchungsbericht.

Literaturhinweise

Eine gute Einführung in die Erkenntnistheorie und die verschiedenen Positionen findet man bei Kritz, Lück und Heidbrink (1996). Westermann (2000) beschreibt ausführlich die wissenschaftlichen und erkenntnistheoretischen Grundlagen psychologischer Forschung. Behandelt werden unter anderem die Möglichkeiten und Grenzen der Erkenntnis, wissenschaftliche Erklärungen, Gesetze und Kausalität sowie die Entstehung und Veränderung von Theorien. Einen umfassenden Überblick zur Forschungsmethodik der Sozialwissenschaften von den Grundbegriffen über die Planung und Durchführung von Untersuchungen bis hin zur Auswertung und Dokumentation bietet das Lehrbuch von Bortz & Döring (2002).

Arbeitsanregung

Aufgabe 1.1 Lesen Sie einen Beitrag aus einer Fachzeitschrift Ihrer Wahl, der eine empirische Untersuchung beschreibt (oder die Arbeit *Teaching and supporting the use of qualitative and quantitative concepts in classical mechanics* von Plötzner und Beller (2000), die Sie von der Homepage des Autors herunterladen können). Beantworten Sie dabei folgende Fragen: (1) Welche *Fragestellung* wird untersucht? Formulieren Sie diese zunächst umgangssprachlich und dann als Wenn-Dann- beziehungsweise Je-Desto-Aussage. (2) Welches sind die *unabhängigen*, welches die *abhängigen* Variablen? (3) Welche *Moderatorvariablen* wurden berücksichtigt? Können Sie sich *Störvariablen* vorstellen, die nicht berücksichtigt wurden?

2. Daten erheben

Ein zentrales Merkmal empirischer Forschung ist, dass systematisch Daten gesammelt und in Bezug auf die interessierende Frage ausgewertet werden. Bei der Wahlumfrage etwa lässt man Personen die Beliebtheit von Politikern auf einer *Skala* von −3 bis +3 *einschätzen*, bei der Lebenszufriedenheitsstudie ist ein *Fragebogen* im Hinblick auf die berufliche und private Situation auszufüllen, und beim Lehrmethodenvergleich wird die *Häufigkeit* richtiger Lösungen bei der Bearbeitung eines Tests am Ende einer Weiterbildungsveranstaltung erhoben. *Skalen zur Erfassung von Einschätzungen, Fragebögen* sowie das *Auszählen von Merkmalshäufigkeiten* sind drei aus einer ganzen Reihe von Datenerhebungsverfahren, die in sozialwissenschaftlichen Untersuchungen zum Einsatz kommen. Weitere Verfahren sind etwa *Verhaltensbeobachtungen, Interviews* und psychologische *Tests*. Alle diese Verfahren haben bestimmte Eigenschaften, die sie für unterschiedliche Zwecke geeignet machen. Es gibt Regeln, auf die man bei der Planung ihres Einsatzes achten muss, sowie verschiedene Fehlerquellen, die man kennen sollte. Bevor die einzelnen Verfahren nun vorgestellt werden, werden zunächst die Begriffe *Messung und Operationalisierung* noch einmal etwas genauer beleuchtet.

2.1 Messung und Operationalisierung

Messung

Der Begriff der *Messung* wurde im ersten Kapitel ganz allgemein definiert als "Zuordnung einer beobachteten Merkmalsausprägung zu einer Variablen". Mathematisch präziser formuliert, versteht man unter Messung eine Zuordnung von Zahlen zu Objekten gemäß einer bestimmten Abbildungsfunktion, und zwar gerade einer sol-

Repräsentationstheorie

chen, die eine *homomorphe* Abbildung von empirischen Beziehungen auf numerische Beziehungen garantiert. Als homomorph bezeichnet man eine *eindeutige* Abbildung, das meint in diesem Fall, dass jeder empirischen Beziehung genau eine numerische entspricht (aber nicht notwendigerweise umgekehrt).

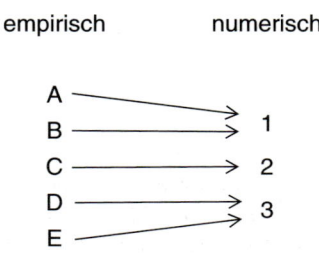

Wenn eine solche Abbildungsfunktion gegeben ist, so bildet das numerische System eine *Skala*. Skalen repräsentieren gewissermaßen bestimmte empirische Beziehungen, weshalb man auch von der *Repräsentationstheorie* des Messens spricht.

Ein Beispiel Was bedeutet es, dass eine empirische Beziehung auf eine numerische Beziehung abgebildet wird? Betrachten wir als Beispiel die Härteskala von Friedrich Mohs (1773-1839), einem deutschen Mineralogen. Die Härte fester Materialien lässt sich empirisch bestimmen, indem man paarweise vergleicht, welches Material welches andere ritzen kann. Mohs hat verschiedene Minerale auf diese Weise verglichen, unter anderem Quarz, Feldspat, Apatit, Orthoklas und Topas. Die Ergebnisse fielen wie folgt aus:

Mineral

Quarz	wird geritzt von: Topas
Feldspat	wird geritzt von: Topas, Quarz
Apatit	wird geritzt von: Topas, Quarz, Feldspat, Orthoklas
Orthoklas	wird geritzt von: Topas, Quarz
Topas	wird geritzt von: –

Die *empirischen Beziehungen*, die hier durch Maßzahlen abgebildet werden sollen, sind die Härten der Minerale gemäß den Ritzergebnissen: Topas wird von keinem der anderen vier Minerale geritzt und ist damit am härtesten, Apatit hingegen wird von allen anderen geritzt, ist also das weichste Mineral. Als nächstes werden diese empirischen Relationen auf *numerische Werte* abgebildet. Die Abbildungsfunktion hierfür könnte etwa lauten: "Beginne bei 1 und wähle dann N aufeinanderfolgende ganze Zahlen so, dass für alle Relationen "X wird von Y geritzt" gilt: $N_X < N_Y$. Das weichere von zwei Mineralen erhält also die kleinere Zahl. Gemäß dieser Vorschrift kann man die Ritzergebnisse in folgende Härtezahlen umwandeln:

Mineral	Härte
Apatit	1
Feldspat	2
Orthoklas	2
Quarz	3
Topas	4

Die Härte der Minerale lässt sich also numerisch durch Rangplätze wiedergeben. Topas ist härter als Quarz, Quarz ist härter als die gleich harten Minerale Orthoklas und Feldspat, und diese wiederum sind härter als Apatit. In diesem Beispiel liegt eine eindeutige (homomorphe) Abbildung vor; es ergibt sich eine Skala. Auf diese Weise hat Mohs eine Skala mit zehn Stufen definiert und 1812 veröffentlicht. Sie reicht von Talk mit der Härte 1, den man noch mit dem Finger ritzen kann, über Apatit mit der Härte 5 bis zum Diamanten mit der Härte 10. Ob letztendlich eine Skala für empirische Beziehungen existiert, hängt davon ab, ob für die Beziehungen bestimmte Bedingungen zutreffen. Um eine Rangliste wie die Härteskala aufstellen zu können, muss Transitivität vorliegen. Wenn gilt 'A wird geritzt von B' und 'B wird geritzt von C', dann muss transitiv auch gelten 'A wird geritzt von C'.

Was ist mit so einer Skala anzufangen? Ist die Skala erst einmal definiert, dann kann man damit die Härte anderer Materialien messen. Fensterglas etwa bekäme eine Härte zwischen 5 und 6, weil man damit zwar das Mineral Apatit der Mohsschen Härte 5 ritzen kann, aber nicht mehr Orthoklas mit der Härte 6.

Ein etwas anderes Messverständnis liegt der sogenannten *Fundamentalmessung* zugrunde. Hierbei werden Maßzahlen als Vielfaches einer allgemein definierten Einheit bestimmt. Die Messung der Variable *Zeit* ist ein Beispiel für eine Fundamentalmessung. Die Grundeinheit, die Sekunde, ist im "Gesetz über Einheiten im Messwesen" vom 2. Juli 1969 genau definiert durch die Wellenlänge einer bestimmten Strahlung: Eine Sekunde ist "das 9.192.631.770-fache der Periodendauer der dem Übergang zwischen den Hyperfeinstrukturniveaus des Grundzustandes von Atomen des Nuklids Cäsium[133] entsprechenden Strahlung". Ganz ähnlich findet man dort auch die Grundeinheit der Variable *Länge* definiert, ebenfalls als Vielfaches der Wellenlänge einer bestimmten Strahlung. Diese

Fundamentalmessung

Definition hat 1960 den sogenannten Urmeter abgelöst, einen Platin-Iridium-Stab festgelegter Länge, der den 10millionsten Teil des durch die Pariser Sternwarte gehenden Erdmeridianquadranten repräsentierte. Die Festlegung der Grundeinheit ist eine Sache, die Messung von Zeit und Länge eine andere. Für die Längenmessung etwa werden verschiedenste mechanische oder elektronische Messinstrumente verwendet (zum Beispiel Lineale oder Schieblehren), mit denen man die Maßzahl für die wahre Länge eines Objektes angeben kann. Wichtig ist hierbei, dass man die Größe des Messfehlers kennt. Ein Messmodell für psychologische Größen, das diese Idee der messfehlerbehafteten Messung "wahrer Werte" aufgreift, wird im Abschnitt zu psychologischen Tests behandelt.

Aufgaben der Messtheorie

Die Theorie der Messung einer bestimmten Variablen hat grundsätzlich drei Fragen zu beantworten (Steyer & Eid, 2001):

- Wie können die empirischen Beziehungen numerisch *repräsentiert* werden?

- Welchen Änderungen kann die Skala unterzogen werden, sodass die *Eindeutigkeit* der Abbildung erhalten bleibt?

- Welche numerischen Aussagen sind auch empirisch *bedeutsam*?

Repräsentation

Die Aufgabe, die der Lösung des Repräsentationsproblems zugrundeliegt, lautet: Finde ein System numerischer Relationen, das die Eigenschaften der empirischen Relationen adäquat repräsentiert. Im Beispiel der Mohsschen Härtebestimmung kämen alle numerischen Systeme in Frage, die eine *Rangfolge* ausdrücken können.

Eindeutigkeit

Die Aufgabe, die der Lösung des Eindeutigkeitsproblem zugrundeliegt, lautet: Bestimme alle diejenigen Transformationen des numerischen Systems, bei denen die homomorphe Abbildung der empirischen Beziehungen erhalten bleibt. Weil die Mohssche Härteskala eine Rangliste darstellt, können alle *ordnungserhaltenden* Transformationen darauf angewendet werden (nach monoton steigenden Funktionen), ohne dass sich die Information der Rangliste ändert. Eine Addition von 4 beispielsweise erhält die Reihenfolge der Rangplätze und liefert die von Mohs verwendeten Härtegrade):

Mineral	*Neue Härte = Alte Härte + 4*
Apatit	5
Feldspat	6
Orthoklas	6
Quarz	7
Topas	8

Auch nach dieser Transformation ist Topas immer noch das Mineral mit dem höchsten Härtegrad und Apatit das weicheste Mineral mit dem niedrigsten Härtegrad. Eine Transformation, welche die Reihenfolge der Zahlenwerte umkehren würde, hätte zur Folge, dass Apatit den höchsten Wert erhalten würde und damit das härteste Material wäre.

Die Aufgabe, die dem Bedeutsamkeitsproblem zugrunde liegt, lautet: Bestimme diejenigen mathematischen Operationen, die mit den erhobenen Messungen *sinnvoll* sind, das heißt, deren Ergebnisse ebenfalls *empirisch interpretierbar* sind. Allgemein kann man sagen: Es sind alle diejenigen mathematischen Operationen bedeutsam, die sich unter den zulässigen Transformationen der Skala nicht verändern.

Bedeutsamkeit

In der ersten Härteskala auf Seite 25 hatte Feldspat den Härtegrad 2 und Topas 4. Man kann daraus aber nicht schließen, dass Topas "doppelt so hart" wie Feldspat ist, auch wenn die Maßzahl "doppelt so groß" ist. Diese Eigenschaft der Maßzahlen, Verhältnisse wiedergeben zu können, ist für eine Rangliste nicht bedeutsam. Man kann dies auch daran sehen, dass sie nach der zulässigen Transformation "+4" nicht mehr gilt. Danach hat Feldspat die Maßzahl 6 und Topas die 8, was nicht mehr das Doppelte ist. Nach der Mohsschen Härteskala kann man für Topas nur sagen, *dass* er härter ist als Feldspat, aber nicht, *um wieviel* er härter ist; es gibt keine festgelegte Einheit.

Nach den empirischen Eigenschaften, die durch ein Maßsystem repräsentiert werden sollen, und nach den zulässigen Skalentransformationen werden vier wichtige Skalenarten unterschieden, die zunehmend stärkere Voraussetzungen haben:

Vier Skalenarten

- *Nominalskala,*
- *Ordinalskala,*
- *Intervallskala* und
- *Verhältnisskala.*

Von welcher Skalenart eine Variable ist, spielt für die Datenerhebung und die Interpretation eine Rolle. Die Skalenart ist aber auch, wie man später sehen wird, für die statistische Analyse der Daten entscheidend.

Für die empirischen Beziehungen, die mit der Nominalskala abgebildet werden sollen, muss nur gelten, dass man die Objekte eindeutig nach *Gleichheit* beziehungsweise *Verschiedenheit* eines Merkmals beurteilen kann. Eine irgendwie geartete Ordnung der Objekte gibt es nicht. Gleiche Merkmalsausprägungen erhalten dieselbe Maßzahl beziehungsweise dasselbe Symbol, verschiedene

Nominalskala

Merkmalsausprägungen erhalten verschiedene Maßzahlen beziehungsweise verschiedene Symbole. Zum Beispiel könnte man die Variable 'Geschlecht' mit weiblich = 1 und männlich = 2 repräsentieren. Die Zahlen sind in diesem Fall jedoch reine Bezeichner und haben keine numerische Bedeutung. Ein anderes Beispiel sind die Bankleitzahlen, auch diese dienen nur der eindeutigen Unterscheidung von Banken. Die Variable 'Parteizugehörigkeit' könnte durch folgende Symbole repräsentiert werden: SPD, CDU, FDP, Grüne. Zulässig bei einer Nominalskala sind alle Transformationen, welche die Eindeutigkeit der Bezeichner gewährleisten, also etwa ihre Vertauschung oder eindeutige Umbenennung.

Ordinalskala   Für die empirischen Beziehungen, die mit einer Ordinalskala abgebildet werden sollen, muss – zusätzlich zur Nominal-Eigenschaft – gelten, dass man für zwei Objekte feststellen kann, ob ein Merkmal *gleich stark* oder *verschieden stark* ausgeprägt ist. Welches Objekt ist härter, besser oder größer als das andere? Damit ist eine Rangreihung der Objekte entlang einer Merkmalsdimension möglich. Die Unterschiede in den Merkmalsausprägungen werden dabei nicht quantifiziert. Die Mohsschen Härtegrade stellen eine solche Ordinalskala dar, genauso Rangplätze im Sport oder Windstärken. Zulässig bei einer Ordinalskala sind alle Transformationen, die dieselbe Ordnung gewährleisten (monotone Funktionen).

Intervallskala   Für die empirischen Beziehungen, die mit einer Intervallskala abgebildet werden sollen, muss – zusätzlich zur Nominal- und Ordinal-Eigenschaft – gelten, dass man *Differenzen* in Merkmalsauspragungen quantifizieren kann. Gleich große Merkmalsunterschiede werden durch denselben Betrag ausgedrückt. Unsere Temperatuangabe in Grad Celsius ($^{\circ}$C) stellt eine solche Skala dar. So ist der Unterschied zwischen 10 $^{\circ}$C und 20 $^{\circ}$C gleich dem Unterschied zwischen 20 $^{\circ}$C und 30 $^{\circ}$C. Allerdings kann man nicht sagen, 20 $^{\circ}$C sei "doppelt so warm" wie 10 $^{\circ}$C. Das liegt daran, dass der Nullpunkt einer Intervallskala willkürlich gesetzt ist. Bei der Celsiusskala wurde der Gefrierpunkt des Wassers gewählt (ein im Winter recht wichtiger Wert); andere Temperaturskalen haben andere Null-Punkte. Welche Skalentransformationen sind zulässig? Zulässig sind lineare Transformationen eines Wertes x in einen neuen Wert x' nach der Gleichung $x' = a \cdot x + b$ mit $a \in \mathbb{R}^+$ und $b \in \mathbb{R}$. Jeder Celsiuswert C kann mit einer solchen Formel in Fahrenheitgrade F umgerechnet werden: $F = 9/5 \cdot C + 32$. 10 $^{\circ}$C entsprechen dann 50 $^{\circ}$F, 20 $^{\circ}$C entsprechen 68 $^{\circ}$F und 30 $^{\circ}$C entsprechen 86 $^{\circ}$F. Zwar verschiebt sich der Nullpunkt und die Skala ist weiter gestreckt, aber vormals gleiche Abstände sind auch hinterher gleich.

Für die empirischen Beziehungen, die mit einer Verhältnisskala abgebildet werden sollen, muss – zusätzlich zu den Eigenschaften der anderen Skalen – gelten, dass man das *Verhältnis* zwischen zwei Merkmalsausprägungen quantifizieren kann. Hat man ein Brett mit 1 Meter und eines mit 2 Meter Länge, so ist das zweite Brett doppelt so lang wie das erste – und es bleibt auch doppelt so lang, egal ob man die Skala in Zentimeter umrechnet oder in Yards. Andere Beispiele sind Gewichtsmessungen, Temperaturangaben in Kelvin oder Kaufpreise. Verhältnisskalen haben einen absoluten Nullpunkt. Zulässig sind Transformationen nach der Gleichung $x' = a \cdot x$ mit $a \in \mathbb{R}^+$. Sie entsprechen einer linearen Streckung der Skala, bei der das Verhältnis zwischen zwei Werten erhalten bleibt.

Verhältnis-skala

Operationalisierung

Der Begriff *Operationalisierung* wurde im Einleitungskapitel ebenfalls schon grob umrissen, nämlich als Festlegung des Messverfahrens für eine interessierende Variable. Etwas allgemeiner formuliert, versteht man unter Operationalisierung die Zuordnung von *manifesten Variablen* (Indikatoren) zu *theoretischen Begriffen*.

Damit ist die Frage angesprochen, wie die theoretisch interessierenden Begriffe oder Variablen (etwa Intelligenz, Lernerfolg, Ehrgeiz oder Hunger) konkret in Messvorschriften umgesetzt werden können oder sollen. Man spricht auch vom *Überbrückungsproblem*, das hierbei zu lösen ist (Steyer & Eid, 2001). Meist sind verschiedene Operationalisierungen für eine Variable denkbar. Welche in der konkreten Untersuchung letztendlich angemessen ist, muss bereits in der Planungsphase der Untersuchung geklärt werden.

Das Über-brückungs-problem

Mit der Operationalisierung einer Variablen legt man ihre Bedeutung fest. Schon für so einfache Begriffe wie "Hunger" sind unterschiedliche Operationalisierungen möglich:

> Hunger könnte operationalisiert werden als Dauer des Nahrungsentzuges, als Unterschreiten einer bestimmten Blutzuckerkonzentration oder als Antwort auf die Frage "Wie hungrig sind Sie?"

Wie entscheidet man, welcher Operationalisierung der Vorzug zu geben ist? Neben praktischen Erwägungen wie der Vergleichbarkeit mit anderen Studien können zwei allgemeine Überlegungen diese Entscheidung unterstützen:

Die verschiedenen Ausprägungen von *unabhängigen Variablen* werden in Untersuchungen gezielt hergestellt; man interessiert sich ja gerade für deren Auswirkungen. Bei ihrer Operationalisierung ist

wichtig, dass *ausreichend unterschiedliche Ausprägungen* hergestellt werden. So sollten in dem eingangs skizzierten Lehrmethodenvergleich die realisierten Unterrichtsszenarien einander nicht zu
ähnlich sein. Die Unterschiede sollten so groß sein, dass sie sich auf
die gemessenen abhängigen Variablen auch stark genug auswirken
können. Findet man die postulierte Überlegenheit der einen Lehrmethode über die anderen nicht, so kann das eben auch daran liegen,
dass die Situationen insgesamt zu ähnlich waren.

Alle unbeeinflusst gemessenen Variablen sind *abhängige
Variablen*. Bei ihrer Operationalisierung ist wichtig, dass sie in
ausreichend feinen Unterschieden gemessen werden können. Ist das
Messinstrument "zu grob", dann werden eventuell vorhandene
Unterschiede nicht erfasst.

Die Operationalisierung bestimmt letztendlich, von welchem
Skalenniveau (Nominal-, Ordinal-, Intervall- beziehungsweise Verhältnisskala) die Daten einer Untersuchung sind, welche mathematischen und statistischen Verfahren darauf anwendbar sind und
schließlich auch, welche inhaltlichen Aussagen damit gemacht werden können. Einige "erhebungstechnische" Varianten der Operationalisierung werden im Folgenden mit ihren Eigenschaften, einigen
Anwendungstipps und möglichen Problemen besprochen. Einen
breiten Überblick, an dem sich die folgende Darstellung teilweise
orientiert, mit vielen weiterführenden Hinweisen geben Bortz und
Döring (2002). Empfehlenswerte Literatur zu einzelnen Verfahren
ist am Ende des Kapitels angegeben.

2.2 Kategorien und Häufigkeiten

Das Auszählen von Häufigkeiten relevanter Merkmale gehört zu
den grundlegendsten Operationalisierungstechniken. Es findet
immer dann Einsatz, wenn eine kategoriale Variable vorliegt und
die Anzahl der einzelnen Merkmalsausprägungen bestimmt werden
soll. Der erste Schritt ist deshalb immer die Aufstellung eines *Kategoriensystems*.

**Kategorien-
systeme und
ihre Eigen-
schaften**

Die Kategorien eines Kategoriensystems müssen drei Bedingungen erfüllen, damit das System ohne Schwierigkeiten zur Erhebung
von Daten eingesetzt werden kann:

- *Genauigkeit*: Alle Kategorien müssen exakt definiert sein, damit
  man eindeutig entscheiden kann, in welche Kategorie ein Objekt
  fällt.

- *Exklusivität*: Alle Kategorien müssen sich gegenseitig ausschließen, damit ein Objekt in genau eine Kategorie fällt und nicht mehrfach gezählt wird.

- *Exhaustivität*: Alle Kategorien zusammen müssen das Merkmal erschöpfend beschreiben, damit man alle Objekte kategorisieren kann und mitzählt. Exhaustivität lässt sich leicht dadurch erreichen, dass man eine "Restkategorie" für alle anderweitig nicht kategorisierbaren Objekte einführt. Ziel ist es allerdings, diese Restkategorie so klein wie möglich zu halten.

Nominalskalierte Variablen bilden gewissermaßen natürliche Kategoriensysteme. Das Merkmal 'Geschlecht' etwa hat zwei Kategorien (männlich, weiblich). Sie sind exakt definiert, schließen sich gegenseitig aus und sind erschöpfend. Das Merkmal 'Studienfach' hat viele Kategorien: Informatik, Mathematik, Psychologie, Sinologie, Volkswirtschaftslehre, und so weiter. **Natürliche Kategorien**

Auch aus zum Beispiel intervallskalierten quantitativen Merkmalen können Kategoriensysteme entwickelt werden. Dabei ist festzulegen, *wieviele* Kategorien es geben soll und welche *Breite* sie haben. Weil dabei mehrere Einzelwerte in Kategorien zusammengefasst werden, ist mit dieser "künstlichen" Kategorisierung ein Verlust an Information verbunden. Dies mag man in Kauf nehmen, wenn dadurch beispielsweise eine bestimmte Verteilung der Werte deutlicher wird. **Kategorien quantitativer Merkmale**

In der Lebenszufriedenheitsstudie könnte in der Befragung etwa auch das Alter der Patienten in der Rehabilitationsmaßnahme erhoben worden sein. Folgende Werte seien dabei genannt worden:

Altersangaben (in Jahren): 19, 22, 23, 24, 24, 24, 25, 28, 28, 30, 32, 38, 42, 49, 50, 51, 53, 53, 57, 57, 59

Aus diesen Werten soll ein Kategoriensystem für die Altersverteilung erstellt werden, um die Daten etwas übersichtlicher darstellen zu können. Dazu bestimmt man zunächst den kleinsten und den größten Wert und erhält so ihren *range*, also das Intervall, innerhalb dessen alle anderen Werte liegen. Schließlich unterteilt man dieses Intervall in gleich breite Teilintervalle, die als Kategorien dienen und für die man schlussendlich die Häufigkeiten auszählt. Für das Patientenalter ergibt sich:

Kleinster und größter Wert: 19 beziehungsweise 59; *range* = 40.

Damit bietet sich ein Kategoriensystem mit vier Kategorien der Breite 10 und zwei Randkategorien an:

Jahre	Häufigkeit
< 20	1
20-29	8
30-39	3
40-49	2
50-59	7
≥ 60	0

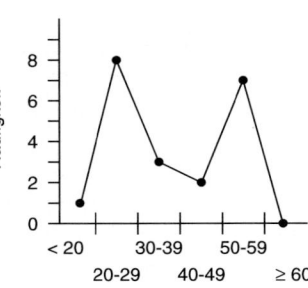

Durch Vergleich mit mathematisch definierten Verteilungen kann für ein solch künstliches Kategoriensystem die Form der Merkmalsverteilung geprüft werden. Ist die Altersverteilung normalverteilt, also symmetrisch um ein Maximum? Das trifft in diesem Fall nicht zu. Die Verteilung des Alters der Reha-Patienten hat zwei Maxima, eines bei den 20- bis 30-Jährigen und eines bei den 50- bis 60-Jährigen. Kommen diese Gruppen mit unterschiedlichen Krankheitsbildern in die Kliniken? Gibt es Unterschiede in der Lebenszufriedenheit nach der Wiedereingliederung in den Alltag?

Zu breite vs. zu enge Kategorien

Was ist bei der Bildung von Kategorien aus quantitativen Merkmalen zu beachten? Es können im Prinzip zwei Probleme auftreten:

Eher *zu breite* Kategorien

Jahre	Häufigkeit
< 40	12
≥ 40	9

Kaum Unterschiede

Eher *zu enge* Kategorien

Jahre	Häufigkeit
< 20	1
20-24	5
25-29	3
30-34	2
35-39	1
40-44	1
45-49	1
50-54	4
55-59	3

Häufungen weniger stark sichtbar

Wählt man die Kategorien *zu breit*, dann werden vorhandene Unterschiede in der Verteilung verdeckt. Im Extremfall hätte man nur eine einzige Kategorie, in die alle Beobachtungen fallen würden. Wählt man dagegen die Kategorien *zu eng*, dann werden eventuell vorhandene Häufungen nicht sichtbar. In der Liste der Altersangaben verteilen sich die Werte breit über eine Spanne von 40 Jahren, jeder Einzelwert aber kommt höchstens dreimal vor.

Die Einsatzmöglichkeiten von Kategoriensystemen sind vielfältig. Zum Beispiel können sie verwendet werden, um Textinhalte zu kategorisieren – dann spricht man auch von *Inhaltsanalyse* – um Fehlertypen auszuzählen, um Kunden in Gruppen zu klassifizieren oder auch um beobachtete Verhaltensweisen in Klassen einzuteilen.

Einsatzmöglichkeiten

2.3 Verhalten beobachten

Im Prinzip ist jede Datenerhebungsmethode eine Art "Beobachtung". Im engeren Sinn versteht man unter Beobachtung aber nur das Sammeln von Daten in einem "nicht-kommunikativen Prozess". Beobachten ist sinnvoll, wenn explorativ Eindrücke gesammelt werden sollen oder wenn damit zu rechnen ist, dass Selbstauskünfte von Personen verfälscht sein könnten. Damit Beobachtungsdaten über Explorationszwecke hinaus verwertbar sind, müssen sie methodisch kontrolliert erhoben werden, das heißt nach festen Regeln und für andere nachprüfbar.

Man unterscheidet zwischen *teilnehmender* und *nicht-teilnehmender* Beobachtung, zwischen *Selbst-* und *Fremdbeobachtung*, sowie zwischen *offener* und *verdeckter* Beobachtung

Formen der Beobachtung

Bei der *teilnehmenden* Beobachtung nimmt der Beobachter selbst am Geschehen teil. Ein Beispiel ist die Protokollierung einer Teamsitzung durch einen der Teilnehmer. Das Problem dabei ist, dass man schnell überfordert ist, weil man als aktiver Sitzungsteilnehmer nicht gleichermaßen gut beobachten und protokollieren kann wie eine Person, die als Beobachter nicht aktiv an der Sitzung beteiligt ist (*nicht-teilnehmende* Beobachtung).

Bei der *Fremdbeobachtung* wird eine außenstehende Person als Beobachter eingesetzt, bei der *Selbstbeobachtung* dagegen beobachtet eine Person ihr eigenes Verhalten. Will man beispielsweise im Szenario des Lehrmethodenvergleichs herausfinden, welche Überlegungen Personen beim Lösen der Transferaufgaben im Wissenstest anstellen, so könnte man sie ihre Gedanken und Problemlöseprozesse beobachten und als "lautes Denken" verbalisieren lassen. Mögliche Schwierigkeiten, an die man dabei denken sollte, sind: Selbstbeobachtung ist abhängig von der Motivation, der Kooperationsbereitschaft und der Offenheit der Person. Darüber hinaus ist sie "reaktiv", das heißt, sie verändert das zu beobachtende Verhalten – man wird sich vieler Dinge plötzlich stärker bewusst und "zensiert" manche Gedanken und Verhaltensweisen.

Bei der *offenen* Beobachtung verbirgt der Beobachter seine Rolle nicht. In diesem Fall muss man damit rechnen, dass sich Personen kontrollierter verhalten, weil sie wissen, dass sie beobachtet werden (Reaktivität). Bei der *verdeckten* Beobachtung wird dieses Problem vermieden.

Planung und Durchführung   Auch Beobachtungen müssen systematisch geplant und durchgeführt werden, damit die Ergebnisse hinterher auch aussagekräftig und nachvollziehbar sind. In der Vorbereitungsphase wird dazu ein *Beobachtungsplan* erstellt.

Im Beobachtungsplan werden die *Beobachtungseinheiten* definiert: Was soll beobachtet werden, was ist unwesentlich? Häufig werden Kategoriensysteme mit den relevanten Beobachtungseinheiten erstellt. Dabei wird von konkreten Verhaltensweisen abstrahiert. Wird zum Beispiel das Dozentenverhalten beobachtet, könnte die Dozentenfrage "Welches Skalenniveau hat die Variable *Versuchspersonennummer*?" der Beobachtungseinheit "Dozent stellt Wissensfrage" zugeordnet werden. Wichtig sind klare Definitionen der Beobachtungseinheiten durch Beispiele sowie ein vorheriges Training der Beobachter.

Weiterhin ist im Beobachtungsplan festzulegen, *wann* etwas beobachtet werden soll. Bei einer *Ereignisstichprobe* wird die Häufigkeit der Beobachtungseinheiten innerhalb einer festen Zeitspanne aufgezeichnet. Zeitliche Verläufe von Ereignissen können hinterher nicht mehr bestimmt werden. Bei einer *Zeitstichprobe* hingegen werden Beobachtungseinheiten in einem zuvor festgelegten Zeitraster aufgezeichnet. So können hinterher zeitliche Verläufe von Ereignissen analysiert werden.

Schließlich ist auch noch die *Zahl* der einzusetzenden Beobachter und die Art der *Protokollierung* festzulegen. Beobachtet nur eine Person oder mehrere? Sollen Protokollbögen verwendet werden oder besser ein Kassettenrekorder oder eine Videokamera? Lassen sich vielleicht zusätzlich Computerdaten aufzeichnen?

Einige mögliche Probleme und Schwierigkeiten wurden schon genannt, mit denen man bei Beobachtungen rechnen muss. Manche davon lassen sich durch ein Training der Beobachter reduzieren.

Mögliche Probleme

- Beobachter sind schnell überfordert, wenn mehrere Personen oder Verhaltensaspekte (Mimik, Gestik, Sprache ...) gleichzeitig beobachtet werden sollen oder wenn bei der Protokollierung gleichzeitig eine Interpretation vorgenommen werden soll.

- Die Trennung zwischen dem beobachteten Verhalten ("aufrechte Haltung") und der Interpretation des Verhaltens ("gestresste Haltung") fällt nicht immer leicht.

- Oft stellt man erst während der Datenerhebung fest, dass bestimmte Beobachtungseinheiten im Beobachtungsplan vergessen wurden; dann muss das Kategoriensystem ergänzt werden.

- Wie soll man mit Abweichungen in den Protokollen verschiedener Beobachter umgehen?

- Und schließlich: Zu wissen, dass man beobachtet wird, verändert manchmal das Verhalten (Reaktivität).

2.4 Einschätzen und vergleichen

Bei vielen Untersuchungen interessiert nicht die "objektive" Erfassung von Gegebenheiten, sondern gerade ihre subjektive Beurteilung durch Personen. Für wie beliebt hält man einen Politiker? Hält man eine Unterrichtsstunde für gelungen, die Dozentin für kompetent und den Arbeitsaufwand für angemessen?

Eine Reihe von Datenerhebungsverfahren baut auf der menschlichen Urteilsfähigkeit auf. Am häufigsten verwendet wird die direkte Einschätzung der Ausprägung von Merkmalen eines Objekts anhand von *Ratingskalen;* in bestimmten Fällen kann es aber auch nützlich sein, Objekte *vergleichen* zu lassen.

Einschätzen auf Ratingskalen

Ratingskalen sind eine einfache Methode, um Merkmalsausprägungen zu erfassen. Die Aufgabe besteht darin, auf einer Skala mit markierten Abständen anzugeben, welche Ausprägung für das Merkmal zutrifft. Hier zwei Beispiele für den Einsatz einer Ratingskala im Wahlszenario. Erfragt wird die Einschätzung der Sympathie für einen Politiker und der Kompetenz einer Partei in wirtschafts-politischen Fragen:

Bitte markieren Sie auf der Skala,
was Ihrem Urteil nach zutrifft.

A. Herrn XY finde ich ....

unsympathisch   sympathisch
-3   -2   -1   0   1   2   3

B. Partei XY halte ich in Wirtschaftsfragen für ...

wenig kompetent   sehr kompetent
-3   -2   -1   0   1   2   3

Annahmen

Bei der Verwendung von Ratingskalen werden zwei grundsätzliche Annahmen gemacht: Erstens wird angenommen, dass Personen die vorgegebenen Stufen (von –3 auf –2, von –2 auf –1 und so weiter) als *gleich groß* interpretieren, das heißt, man geht letztendlich davon aus, dass die Skala Intervallskalenniveau hat. Zweitens wird angenommen, dass alle Personen die Skalenverankerung – hier etwa die erklärenden Begriffe sympathisch/unsympathisch, sehr kompetent/wenig kompetent – *gleich* verstehen. Dass beide Annahmen tatsächlich zutreffen, ist durchaus kritisch zu sehen, wird aber selten geprüft.

Ratingskalen findet man in einer ganzen Reihe von Varianten, mit unterschiedlichen Arten der *Skalenverankerung*, mit unterschiedlicher *Polung*, mit unterschiedlicher *Zahl der Abstufungen*, und natürlich können sie auch *unterschiedliche Urteilsdimensionen* abfragen.

**Skalen-
verankerung**

Meist werden die einzelnen Stufen der Skala durch Zahlen gebildet oder sprachlich beschrieben, gelegentlich werden aber auch andere Symbole eingesetzt. Hier einige Beispiele für unterschiedliche Arten der Skalenverankerung:

Zahlen: Die Veranstaltung weckte mein Interesse an der Thematik.

trifft nicht zu   trifft zu
-3   -2   -1   0   1   2   3

Sprachliche Bezeichnungen: "Der Dozent leitete die Veranstaltung souverän." Stimmt ...

__ gar nicht
__ teilweise
__ völlig

Grafische Symbole: "Die Veranstaltung machte mir Spaß."

Skalenpolung

Hinsichtlich der Polung von Skalen unterscheidet man zwei Varianten: *unipolar* und *bipolar* gepolte Skalen. Alle oben aufgeführten Beispiele verwenden bipolare Skalen. Im Gegensatz zu unipolaren Skalen ist eine neutrale Mittelposition möglich, und betont wird die Gegensätzlichkeit der Skalenhälften.

Unipolar:	1	2	3	4	5
Bipolar:	−2	−1	0	1	2

Stufenzahl

Meistens werden Skalen mit 3 bis 7 Stufen verwendet, es gibt allerdings keine verbindliche Regel. Ganz allgemein gilt: Verwendet man bei bipolaren Skalen eine *gerade* Anzahl von Stufen, so enthält die Skala keine explizite, neutrale Mitte mehr, sodass sich Personen in die positive oder negative Richtung entscheiden müssen. Erhöht man die Zahl der Stufen, so verlangt man eine größere Differenzierungsfähigkeit von den Personen. Im Extremfall gibt es keinerlei Stufen:

sehr |———————————————X———————| gar nicht

Es ist jedoch fraglich, ob Personen entsprechend fein urteilen können. Zudem muss man bei einer solchen Skala die von Personen gesetzten Markierungen selbst mit dem Lineal ausmessen, was zusätzlichen Aufwand und die Gefahr von Messfehlern nach sich zieht.

Urteils-dimension

Ratingskalen lassen sich auch hinsichtlich der erfragten Urteilsdimension sehr flexibel gestalten. Man kann nach *Häufigkeiten* fragen (nie, selten, manchmal, häufig, immer), nach *Intensitäten* (stark, mittel, schwach), nach *Wahrscheinlichkeiten* (sicher, wahrscheinlich, vielleicht), nach *Zustimmung und Ablehnung* und so weiter. Insgesamt ist bei der Verwendung von Ratingskalen auf eine sorgfältige Konstruktion zu achten. Es sollten Skalenverankerungen gewählt werden, welche die gewünschte Urteilsdimension gut wiedergeben und möglichst leicht verständlich sind. Weiterhin ist auf eine angemessene Polung und Stufenzahl zu achten.

Urteilsfehler

Auch wenn Ratingskalen einfach und vielfältig einsetzbar sind, ist ihre Anwendung nicht immer gleichermaßen unproblematisch. Neben den zwei oben genannten grundsätzlichen Annahmen, die oft ungeprüft gemacht werden, sind eine ganze Reihe von *Urteilsfehlern* bekannt, mit denen man beim Einsatz von Ratingskalen rechnen muss (vergleiche Bortz & Döring, 2002). Sie gelten zwar auch für andere Datenerhebungsmethoden, die persönliche Urteile verlangen, sind aber für Ratingskalen am besten erforscht. Manche dieser Fehler kann man durch geeignete Maßnahmen vermeiden.

Boden- und Deckeneffekt, Tendenz zur Mitte

Die ersten beiden Fehler haben damit zu tun, wie Personen den vorgegebenen Umfang der Skala zum Umfang der zu beurteilenden Merkmalsausprägungen in Beziehung setzen.

Stellen Sie sich vor, Sie müssten zuerst einige Objekte mit geringen Merkmalsausprägungen beurteilen, danach käme aber noch eines mit einer extremeren Ausprägung. Was könnte in diesem Fall passieren? Es könnte sein, dass Sie bei der Beurteilung der ersten Objekte bereits den ganzen Umfang der Ratingskala ausschöpfen, sodass das letzte Objekt eigentlich eine Beurteilung außerhalb der Skalenendpunkte erhalten müsste. Sie kreuzen trotzdem einfach den Skalenendpunkt an, wohl wissend, dass Ihr Urteil dem wahren Sachverhalt nicht gerecht wird. Auf diese Art und Weise kommt es zu *Boden-* oder *Deckeneffekten.*

Zu einem gewissermaßen gerade gegenläufigen Effekt kommt es, wenn Personen davon ausgehen, dass sie die Endpunkte einer Skala vielleicht noch für spätere Objekte mit extremerer Merkmalsausprägung aufsparen müssen, weil ihnen der Umfang des zu beurteilenden Merkmalsbereiches nicht bekannt ist. Dies hat zur Folge, dass sie extreme Einschätzungen vermeiden und nur den mittleren Bereich der Skala verwenden. Diesen Fehler nennt man deshalb auch *Tendenz zur Mitte.*

Beiden Fehlern kann man vorbeugen, indem man in einer vorausgehenden Instruktion Beispiele für die Extrempunkte der Skala nennt, um deren vollen Umfang deutlich zu machen.

Ungleiche Merkmals-verteilungen, Reihenfolge-effekte

Zwei andere Quellen, welche zu Verzerrungen von Einschätzungen führen können, haben mit dem Spektrum der zu beurteilenden Objekte zu tun.

Stellen Sie sich vor, Sie müssten viele positive, aber nur wenige negative Objekte beurteilen. Was könnte in diesem Fall passieren? Vermutlich würden Sie viel feiner zwischen den positiven Objekten differenzieren als zwischen den negativen. *Ungleiche Merkmalsverteilungen* können sich also in der Differenzierung von Unterschieden niederschlagen.

Auch die *Reihenfolge*, in der Objekte beurteilt werden, kann einen Einfluss auf das Urteil haben. Hat man zuerst Objekte mit einer extremen Merkmalsausprägung beurteilt, so wird man bei Objekten mit geringerer Merkmalsausprägung den Kontrast überbetonen. Diesem letzten Fehler kann man dadurch entgegenwirken, dass man die Reihenfolge variiert, wenn mehrere Einschätzungen vorgenommen werden sollen.

Die folgenden drei Fehler treten vor allem dann auf, wenn Personen zu beurteilen sind. Manchmal lässt man sich bei der Beurteilung eines einzelnen Merkmals durch den Gesamteindruck von der Person leiten oder umgekehrt bei der Beurteilung des Gesamteindrucks durch ein Urteil über ein einzelnes Merkmal. Dies ist als *Halo-Effekt* bekannt, weil jeweils eine der Einschätzungen eine Ausstrahlung auf andere Einschätzungen hat, wie ein Hof (Halo), der sich um eine Lichtquelle bildet. Manchmal urteilen Personen auch systematisch zu positiv oder zu negativ über andere (*Milde-Härte-Fehler*) oder beziehen in ihre Einschätzung mit ein, wie sie sich selbst auf der zu beurteilenden Dimension einordnen würden (*Rater-Ratee-Interaktion*).

Fehler bei der Einschätzung von Personen

Man kann versuchen, diesen Fehlern dadurch vorzubeugen, dass man vorab explizit auf die Gefahr solcher Fehler hinweist und/oder mögliche Konsequenzen der Beurteilung erläutert, um so die Wichtigkeit einer möglichst unverzerrten Beurteilung zu betonen.

Objekte vergleichen

In manchen Fällen sind Einschätzungen vorzunehmen, bei denen mehrere Objekte verglichen und in eine Rangfolge gebracht werden müssen. Bei der Flugsicherung im Tower eines Flughafens etwa müssen die anfliegenden Flugzeuge nach Dringlichkeits- und Sicherheitsaspekten in eine Landereihenfolge gebracht werden. Im Szenario des Lehrmethodenvergleichs sollen vielleicht die drei besten Kursteilnehmer bei der Abschlussfeier eine Auszeichnung erhalten; auch dazu ist eine Rangreihe nach den Ergebnissen im Abschlusstest notwendig. Eine Rangordnung stellt eine Ordinalskala dar. Zwei Verfahren, um eine solche zu erhalten, werden im Folgenden vorgestellt: direktes Rangordnen und indirektes Rangordnen auf der Grundlage von Paarvergleichen.

Direkte Rangordnung

Bei der direkten Bildung einer Rangordnung betrachtet man alle einzuschätzenden Objekte gleichzeitig. Das Objekt mit der stärksten Ausprägung des Merkmals erhält den ersten Rangplatz, das Objekt mit der geringsten Ausprägung des Merkmals erhält den letzten Rangplatz, und Objekte mit derselben Merkmalsausprägung erhalten denselben Rangplatz. Wenn sich mehrere Objekte einen Rangplatz teilen, spricht man von einem *Verbundrang*.

Schwierigkeit

Zwei Schwierigkeiten können dabei auftreten: Erstens ergibt sich bei N zu beurteilenden Objekten zwar nur genau eine Rangordnung, mit steigender Zahl von Objekten fällt es jedoch zunehmend schwerer, alle Objekte gleichzeitig im Auge zu behalten und sinnvoll zu ordnen. Zweitens kann es zu Schwierigkeiten beim Vergleichen von Objekten kommen, wenn sich die Objekte auf mehreren Dimensionen unterscheiden.

> Wer einmal ein Auto gekauft oder eine andere größere Anschaffung gemacht hat, kennt das Problem. Beim Autokauf ordnet man gewissermaßen die in Frage kommenden Modelle danach, wie gut sie einem zusagen. Aber auf was soll man dabei achten? Auf die Motorleistung, auf das Design, auf das Platzangebot, auf den Preis oder die Ausstattung? Und wie soll man die verschiedenen Aspekte gewichten? In diesem Fall eine Rangordnung zu bilden, erfordert die Integration von Einzelaspekten und damit einen komplexen Vergleich – keine leichte Aufgabe.

Rangordnung durch Paarvergleiche

Das Problem, dass man beim direkten Rangordnen gleichzeitig mit vielen Urteilsobjekten umgehen muss, kann man dadurch vermeiden, dass man alle Objekte *paarweise* vergleichen lässt – so müssen immer nur genau zwei Objekte in eine Ordnung gebracht werden. Aus den Ergebnissen solcher Paarvergleiche lassen sich ebenfalls Rangordnungen bestimmen. Ein Beispiel dafür wurde im Abschnitt zur Messung beschrieben, nämlich die Bildung der Mohsschen Härteskala für Mineralien durch paarweises Vergleichen, welches Mineral welches andere ritzen kann.

Für ein zweites Beispiel betrachten Sie bitte die folgenden drei Paare von Gesten. Welche der beiden finden Sie *aggressiver*?

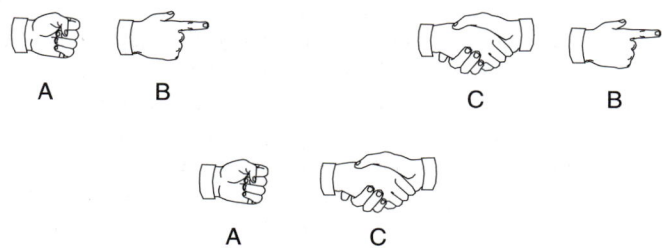

Wie haben Sie die Gesten beurteilt? Wenn Sie die geballte Faust (A) als aggressiver als die anderen beiden Gesten beurteilt haben und die zeigende Hand (B) als aggressiver als das Händeschütteln (C), dann haben Sie ein *konsistentes* (widerspruchsfreies) Urteil gefällt. Ihr Urteil ist transitiv. Es gilt, dass A aggressiver wirkt als B und B aggressiver als C, und es gilt auch – und das macht die Transitivität aus – dass A aggressiver wirkt als C. Aus konsistenten Einzelurteilen lässt sich eine Rangordnung bilden: A > B > C. Dies ist aber nicht immer der Fall. Beurteilt jemand im dritten Vergleich die verschlungenen Hände (C) als aggressiver als die Faust (A), so ist die Transitivität verletzt. Die Einzelurteile sind *inkonsistent*, eine Rangreihung nicht möglich.

Konsistenz

Wenn man Paarvergleiche anstelle einer direkten Rangordnung durchführen lässt, hat man eine Schwierigkeit umgangen: Personen müssen nicht mehrere Objekte gleichzeitig betrachten. Die zweite Schwierigkeit – dass möglicherweise mehrere Vergleichsdimensionen im Spiel sind – kann hier aber auch auftreten und wird als eine Ursache für inkonsistente Urteile angesehen. Hinzu kommt, dass diese Methode nur mit wenigen Objekten praktisch durchführbar ist. Bei N Objekten sind für einen vollständigen Paarvergleich 'N über 2' Vergleiche notwendig, was berechnet wird als $N! / (2 \cdot (N - 2)!)$. N! wird gelesen als 'N Fakultät' und berechnet als $1 \cdot 2 \cdot 3 \cdot \ldots \cdot N$. Für 20 Objekte ergeben sich bereits 190 Vergleiche – da ermüdet selbst die gutmütigste Person.

Schwierigkeit

2.5 Interviews und Fragebögen

Beide Techniken – Interview und Fragebogen – sind Formen der Befragung. Im ersten Fall erfolgt sie mündlich, im zweiten schriftlich. Befragungen sind in unserer Gesellschaft allgegenwärtig und werden in vielfältigen Varianten durchgeführt. Manchmal will man mit einer Befragung gezielt bestimmte Informationen sammeln. Ein Beispiel sind Meinungsumfragen, wie sie monatlich für das 'Politbarometer' durchgeführt werden. Hierbei werden Informationen darüber gesammelt, welche Problemlösekompetenzen den Parteien zugeschrieben werden, wie beliebt Politiker sind und wie gewählt würde, wenn am nächsten Sonntag Wahl wäre. Manchmal ist die Befragung aber auch ein Diagnoseinstrument, um Personen angepasst an ihre spezifischen Bedürfnisse beraten oder behandeln zu können. Beispiele hierfür sind die Anamnese über den Gesundheitszustand beim Arzt, die Befragung über die häusliche Situation in der Erziehungsberatungsstelle oder das Abklären von Zielen, Kompetenzen oder bisherigen Arbeitsverhältnissen in der Arbeitsvermittlung. Der Kern sowohl beim Interview als auch bei der Verwendung von Fragebögen sind natürlich die Fragen. Ihre Entwicklung wird deshalb als erstes behandelt. Danach folgen einige Besonderheiten, die bei Interviews und schriftlichen Befragungen zu beachten sind.

Entwicklung von Fragen

Bei der Entwicklung von Fragen für Interviews und Fragebögen sind neben den inhaltlichen Aspekten grundsätzliche Entscheidungen im Hinblick auf den Grad der Standardisierung zu treffen. Weiterhin sind die einzelnen Fragen nach formalen Kriterien auf ihre Brauchbarkeit hin zu prüfen. Schließlich sollen Befragungen effizient und ohne Missverständnisse durchführbar sein und Aufschluss über das jeweilige Thema geben.

Standardisierung der Fragenvorgabe

Schon bei der Vorgabe der Fragen ist zu entscheiden, in welchem Ausmaß diese standardisiert sein sollen. Fragebögen sind *voll standardisiert*, das heißt, Wortlaut und Abfolge der Fragen sind exakt festgelegt. Auch Interviews kann man auf diese Weise standardisieren. Das ist vor allem dann sinnvoll, wenn das Interviewthema sich inhaltlich gut vorstrukturieren lässt beziehungsweise wenn eine bestimmte Reihenfolge der Fragen wichtig ist. Interviews lassen sich aber auch freier, das heißt *ohne standardisierte Fragen* führen. Man plant dann in der Regel nur grob die Themen und entwickelt die konkreten Fragen im Verlauf des Interviews. Ein solch offenes Vorgehen ist geeignet für explorative Studien – in denen man typischerweise über ein Thema noch nicht so gut Bescheid weiß – oder auch für schwierige oder unangenehme Themen, die ein einfühlsames Vorgehen erfordern.

Standardisierung der Antworten

Auch für die potentiellen Antworten ist der Grad der Standardisierung eine Überlegung wert. Wieder gibt es zwei Möglichkeiten. Man kann einerseits die Antwortmöglichkeiten *fest* vorgeben, zum Beispiel in Form von Ratingskalen oder *multiple choice* Vorgaben. Fragt man zum Beispiel "Gehen Sie lieber ins Theater oder ins Kino?", so sind Antworten auf diese Varianten beschränkt. Die Angabe der Antworten erfolgt dann einfach durch Ankreuzen von fest vorgegebenen Möglichkeiten, im Interview auf einem entsprechend vorbereiteten Protokollbogen. Die Auswertung ist einfach, sie erfordert nur das Auszählen von Häufigkeiten. Andererseits

kann man die Art der Antwort auch *offen* lassen. Fragt man etwa
"Wie lief die Beratung aus Ihrer Sicht ab?" oder "Schildern Sie mir
bitte Ihre Freizeitgewohnheiten", können Personen ihre Antworten
frei formulieren; alle Inhalte sind möglich. Im Fragebogen braucht
es genügend Raum für die Antwort, im Interview ist an eine geeignete Protokollierung zu denken. Will man die Antworten in Stich-
worten notieren – dann könnte man vielleicht überfordert sein –
oder verwendet man Tonband oder Video? Auch die Auswertung
kann komplexer sein und eine Inhaltsanalyse erfordern.

Was sind "gute" Fragen? Diese Frage ist nicht einfach zu beantworten. Folgende allgemeine Richtlinien kann man aber dennoch
angeben (Bortz & Döring, 2002): Gute Fragen sind *einfach* formuliert und *eindeutig*. Sie sind *nicht zu allgemein*, sind *nur auf einen
Sachverhalt gerichtet* und bringen den Befragten *nicht in Verlegen-
heit*. Gute Fragen sind auch *nicht suggestiv*, das heißt, sie legen
keine bestimmte Antwort nahe. Natürlich sollen sie im Prinzip
beantwortbar sein und eine *angemessene Antwortvorgabe* haben.

Gute Fragen

Fragen, die Negationen enthalten, sind schwerer verständlich,
und die Antworten darauf sind oft nicht eindeutig interpretierbar.
Bei der Frage "Gehen Sie nicht häufig unvorbereitet in eine Beratung?" ist unklar, was die Antwort "nein" bedeuten soll. Meint die
Person (a) "Nein, ich gehe *nicht häufig* unvorbereitet in eine Beratung" oder (b) "Falsch, ich gehe *häufig* unvorbereitet in eine Beratung"? Negationen sollte man deshalb vermeiden.

Sind schließlich die einzelnen Fragen formuliert, so sollte man
die Gesamtheit der Fragen nochmals im Hinblick auf folgende
Punkte durchgehen: Ist jede Frage erforderlich? Gibt es – vielleicht
unabsichtlich – Wiederholungen ähnlicher Fragen? Können die
Antworten eventuell durch die Fragenreihenfolge beeinflusst werden? Ist die "Polung" der Fragen ausgeglichen? Personen mit einer
bestimmten Einstellung sollten nicht durchweg mit 'ja' beziehungsweise mit 'nein' antworten müssen. Den endgültigen Interviewleit-
faden oder Fragebogenentwurf sollte man mit einer kleinen Zahl
von Personen dann einmal ausprobieren, um potenzielle Quellen für
Missverständnisse auszuräumen und letzte Hinweise auf Verbesse-
rungsmöglichkeiten zu erhalten.

Durchdacht gestaltete Fragebögen und gut vorbereitete Interviews erhöhen die Chance, dass die Teilnehmer ernsthaft antworten
und man brauchbare Daten für die interessierende Fragestellung
erhält. Dennoch gibt es eine Reihe von Möglichkeiten der Antwort-
verfälschung, derer man sich bewusst sein sollte.

Mögliche Antwortfehler

Die Antworten in Befragungen können denselben *Urteilsfehlern* und *Antworttendenzen* unterliegen, die im Abschnitt zu Ratingskalen beschrieben wurden. Einige weitere Quellen für Antwortverzerrungen sind die folgenden (Bortz & Döring, 2002):

- Manchmal wollen Teilnehmer ein bestimmtes Bild von sich vermitteln. Die Antworten dienen dann der *Selbstdarstellung*. Rechnet eine Person mit negativen Konsequenzen bei bestimmten Antworten, so wird dies ihre Antwort beeinflussen.

- Wird nach länger zurückliegenden Ereignissen gefragt, so können sich systematische Erinnerungsfehler auswirken. Die Erinnerungsleistung ist abhängig von der Zeit, und manchmal werden Ereignisse dann eher anhand von Erinnerungsbruchstücken nachträglich zu einem schlüssigen Bild ergänzt als vollständig und korrekt erinnert.

- Man muss ebenfalls damit rechnen, dass die Teilnehmer eigene Vermutungen über den Auftraggeber von Befragungen und seine Ziele anstellen. Antwortverzerrungen, die darauf zurückgehen, werden als *sponsorship bias* bezeichnet.

- Manchmal werden einzelne Fragen nicht beantwortet, mit der Folge, dass die Daten nicht vollständig sind. Mögliche Ursachen dafür können sein, dass Personen keine Meinung zu einer Frage haben, dass sie über einen Sachverhalt nicht informiert sind, dass sie in der Antwort unentschlossen sind oder schlicht diese Frage nicht beantworten wollen.

- Schlussendlich kann es natürlich auch vorkommen, dass Personen manchmal absichtlich Falschangaben machen.

Besonderheiten von Interviews

Interviews in vielen Varianten

Interviews sind für unterschiedliche Zwecke in ganz unterschiedlicher Gestaltung zu finden. Mal wird man abends angerufen und soll an einer kurzen telefonischen Umfrage zur Bekanntheit von Bausparkassen und deren Werbung teilnehmen, mal wird man auf der Straße angesprochen. Mal wird man zusammen mit dem Partner interviewt, mal alleine befragt, und der Partner muss abseits warten – wie etwa am Flughafen beim Abflug in die USA. Die Sicherheitsbeamten wollen unbeeinflusst hören, dass der Koffer selbst gepackt wurde und dass man ihn während der Anreise zum Flughafen nie aus den Augen verloren hatte. Mal führt das Interview nur eine Person, mal treten zwei oder mehr Personen auf. Dies kann man im Fernsehen bei der Wahlberichterstattung beobachten. In Sendungen wie "Was nun, Herr Kanzler?" stellen meist zwei Journalisten abwechselnd die Fragen. – Interviews werden *direkt* (face-to-face) oder *telefonisch* geführt, als *Einzel-* oder *Gruppen*interview und mit *einem* oder *mehreren* Interviewern.

Welche Vorteile hat das telefonische Interview im Vergleich zu einem direkten Interview? Welche Nachteile gibt es? Bei den *Vorteilen* ist zu nennen (Bortz & Döring, 2002):

Vor- und Nachteile des Telefoninterviews

- Kurze Befragungen können kostengünstig durchgeführt werden.
- Aus dem Telefonbuch lassen sich meist ausreichend repräsentative Stichproben gewinnen.
- Es wird als distanzierter und weniger belastend erlebt.
- Die Verweigerungsrate ist meist niedriger.

Neben diesen Vorteilen telefonischer Befragungen gibt es auch einige *Nachteile* (Bortz & Döring, 2002):

- Sie sollten nicht länger als 20 Minuten dauern, sind für längere Befragungen also nicht geeignet.
- Die Situation der interviewten Person ist nicht kontrollierbar. Läuft nebenher der Fernseher? Wird die Person anderweitig abgelenkt? Ist sie allein, oder sind andere Personen anwesend?
- Den Bezug zur befragten Person muss man allein durch sprachliche Kommunikation herstellen und aufrechterhalten; Mimik, Gestik und Blickkontakt fehlen.
- Und schließlich ist bekannt, dass persönliche Angaben seltener gemacht werden.

Einzelinterviews sind notwendig, wenn der individuelle Informationsstand gefragt ist – wie im Flughafenbeispiel von oben – oder wenn man damit rechnen muss, dass andere Personen die Antworten beeinflussen. *Gruppeninterviews* dagegen sind angezeigt, wenn man es ohnehin mit Gruppen zu tun hat. Man könnte etwa im Szenario des Lehrmethodenvergleichs im Anschluss an die Weiterbildungsmaßnahme die einzelnen Kurse als ganze Gruppe befragen, um sich ein Bild davon zu machen, was die Teilnehmer als positiv und was als negativ erlebt haben.

Einzel- vs. Gruppeninterview

Oft wird man allein aus Kostengründen nur einen Interviewer vorsehen. Manchmal können aber auch mehrere Interviewer sinnvoll sein. Dies ist zum Beispiel dann der Fall, wenn Experten befragt werden und/oder die Fragen on-line entwickelt werden müssen. Ein

Mehr als ein Interviewer

einzelner Interviewer ist dann schnell überfordert. Andererseits werden die interviewten Personen durch mehrere Interviewer stärker belastet (Vernehmungseffekt).

Regeln für die Durchführung

Interviews gut und sicher durchzuführen, erfordert Übung. Ganz allgemein kann man für die Durchführung sagen: sich einfühlen ohne sich mit dem Befragten zu identifizieren, verstehen ohne zu werten, erklären ohne zu konstruieren, und nachfragen, bis eine eindeutige Antwort vorliegt.

Ein Interview beginnt mit einer angemessenen Begrüßung. Der Interviewer sollte sich kurz vorstellen, sollte den Zweck des Interviews erläutern und Anonymität der Daten zusichern. Wichtig in diesem Eröffnungsteil ist, dass es gelingt, eine angenehme Atmosphäre zu schaffen. Die Teilnehmer sollten sich wohlfühlen.

Bei der eigentlichen Befragung ist dann folgendes zu beachten: Störungen und Ablenkungen sowie den Eindruck von Zeitknappheit sollte man unbedingt vermeiden. Die Sprache und das Sprechtempo sind dem Befragten anzupassen. Bei älteren Menschen muss man häufig etwas langsamer und lauter sprechen. Wichtig ist auch, dass man nie mehrere Fragen gleichzeitig stellt und bei jeder Frage eine ausreichend genaue Antwort anstrebt. Manchmal muss eben nochmal nachgefragt werden. Bei offenen Antworten sollte man spontane Berichte möglichst wenig unterbrechen. Auch das non-verbale Verhalten (Sprache, Mimik, Motorik ...) der befragten Person kann einem wertvolle Hinweise über Unsicherheiten und Stimmungen geben; und falls Kritik an der Befragung geäußert wird, sollte man diese aufnehmen.

Das Interview endet schließlich mit einigen Dankesworten und einer angemessenen Verabschiedung.

Problem Teilnahmeverweigerung

Manchmal wird die Durchführung einer Interviewstudie dadurch erschwert und verlängert, dass manche der ausgewählten Personen entweder *nicht erreichbar* sind oder die Teilnahme *verweigern*, was ihr gutes Recht ist. Die Ursachen für eine Verweigerung der Teilnahme sind vielfältig; einige Gründe können sein: ein schlecht gewählter Zeitpunkt, vielleicht eine ungeschickte Kontaktaufnahme oder auch ein unangenehmes Thema. Dass für die Stichprobe ausgewählte Personen – aus welchen Gründen auch immer – nicht teilnehmen, kann die Repräsentativität beeinträchtigen, speziell dann, wenn diese Personengruppe systematisch besondere Meinungen und Einstellungen in Bezug auf das Interviewthema hat.

Besonderheiten von Fragebögen

Manchmal müssen schriftliche Befragungen postalisch erledigt werden. Auf was ist hierbei zu achten? Neben dem eigentlichen Fragebogen sollten in diesem Fall folgende zwei Dinge mitgeschickt werden. Zum einen sollte man ein seriöses Anschreiben beilegen, das die verantwortliche Institution oder Firma klar erkennen lässt, die Ziele der Befragung erläutert, die ungefähre Zeit für das Ausfüllen nennt, den Rücksendetermin enthält und auch die Verwendung der Daten erklärt (Anonymität gewährleisten!). Zum anderen ist ein Rückumschlag beizulegen, der entweder bereits vorfrankiert ist, oder bei dem der Empfänger das Porto bezahlt, sodass den befragten Personen keine zusätzlichen Kosten entstehen.

Postalische Befragung

Dennoch ist bei vielen Studien ein Hauptproblem, dass nur wenige Fragebögen vollständig ausgefüllt zurückgeschickt werden. Manchmal beträgt die Rücklaufquote nur 5-10%. Die Gründe hierfür und die daraus resultierenden Schwierigkeiten sind ähnlich denen der Teilnahmeverweigerung bei Interviews.

In jüngster Zeit ist es mit der zunehmenden Verbreitung des Internets nicht nur möglich, sondern auch interessant geworden, dieses Medium für Befragungen oder psychologische Studien zu nutzen. Oft lassen sich auf diese Weise in kurzer Zeit Daten hunderter oder tausender Personen erheben. Aber man hat auch mit spezifischen Problemen zu tun: Erstens, wie stellt man sicher, dass eine Person nicht mehrfach teilnimmt? Zweitens, wie repräsentativ ist die Stichprobe? Ist sie verzerrt, weil nicht alle Personen Zugang zum Internet haben oder weil nur Personen mit bestimmten Eigenschaften teilnehmen? Während es für das erste Problem technische Lösungen gibt, lässt sich die zweite Frage nicht leicht beantworten.

Internet-befragungen

2.6 Tests und Testtheorie

Psychologische Tests sind standardisierte Verfahren zur Messung von Persönlichkeitsmerkmalen. Tests gibt es für verschiedene Personengruppen und für eine Fülle ganz unterschiedlicher Bereiche. Es gibt Tests für die Prüfung des Entwicklungstandes bei Kindern im Hinblick auf Sprache, Wahrnehmung und Motorik oder für die Prüfung der Schulfähigkeit und Schulleistung bei Jugendlichen; es gibt Tests zur Feststellung von Intelligenz und anderen Persönlichkeitsmerkmalen wie emotionale Stabilität, klinische Verfahren mit

Symptomchecklisten für Schlaf- oder Essstörungen bis hin zu neuropsychologischen Verfahren für die Diagnose von Sprachstörungen oder Demenz.

Psychologische Tests haben vielfältige Einsatzgebiete. Sie werden verwendet in der Erziehungs- und Bildungsberatung, in der Personalauswahl, zur Unterstützung der Berufswahl, zur Diagnose klinischer Symptome, in der Verkehrspsychologie zur Prüfung der Fahrtauglichkeit oder auch bei Gericht zur Feststellung der Glaubhaftigkeit von Zeugenaussagen.

Erster Test: Binet und Simon, 1905

Die Entwicklung psychologischer Tests hat eine hundertjährige Geschichte. 1905 entwickelten und verwendeten Alfred Binet und Theodore Simon, zwei französische Psychologen, den ersten Intelligenztest für Kinder. Alfred Binet (1857-1911) war 1904 in eine Regierungskommission gewählt worden, die sich mit dem Problem entwicklungsverzögerter Kinder an französischen Schulen beschäftigte. Gewünscht war ein Test, mit dem man solche Entwicklungsstörungen diagnostizieren konnte, um diese Kinder dann auf spezielle Schulen zu schicken. Der Test, den Binet und Simon vorstellten, umfasste 30 Aufgaben von ansteigender Komplexität. Eine ganz einfache Aufgabe war, einem brennenden Streichholz mit den Augen zu folgen. Dies können Kinder im Alter von zwei Jahren. Schon etwas schwieriger ist die Aufgabe, Begriffe wie Haus, Gabel oder Mama zu definieren, was typischerweise im Alter von fünf bewältigt wird. Zu den schwierigen Aufgaben gehörte, sieben zufällige Ziffern nach einmaligem Hören aus dem Gedächtnis zu wiederholen. Anhand der Zahl bewältigter Aufgaben ließ sich dann das "mentale Alter" eines Kindes bestimmen. Wenn ein 6-jähriges Kind alle diejenigen Aufgaben bewältigt hat, die Kinder üblicherweise mit 6 lösen können, ist sein mentales Alter identisch mit seinem Lebensalter. Wenn es dagegen weniger Aufgaben gelöst hat, liegt sein mentales Alter hinter seinem Lebensalter zurück.

Der deutsche Psychologe William Stern (1871-1938) schlug als Maß für die Intelligenz 1914 den Intelligenzquotienten vor: das mentale Alter einer Person dividiert durch ihr Lebensalter. Binet sah allerdings den Zweck seines Test nicht in der *Messung* von Intelligenz – diese könne man nicht in einer Zahl fassen, so wie man die Länge eines Gegenstandes misst – sondern in der *Klassifikation* von Personen.

Der Test von Binet und Simon wird auch heute noch verwendet, nämlich als *Stanford-Binet Intelligenzskala*, die im Jahr 2003 in ihrer fünften Fassung veröffentlicht wurde. Dieser Test ist eine Weiterentwicklung der amerikanischen Adaptation des französischen Originals, die 1916 von Lewis Terman vorgenommen wurde.

In der Testidee von Binet und Simon ist bereits vieles enthalten, was auch für heutige Tests gilt. Der Test verwendet ein Set von sorgfältig ausgewählten Aufgaben. Sie sind nach Schwierigkeit aufsteigend sortiert. Geprüft wird, bis zu welchem Schwierigkeitsgrad die Aufgaben gelöst werden. Die Ergebnisse werden schließlich in Bezug auf eine Vergleichsgruppe bewertet. Dieser Test gehört damit zur großen Gruppe der *Leistungstests,* von denen man die *Persönlichkeitstests* unterscheidet.

Das Ziel von Leistungstests ist die Erhebung der *maximalen Leistung* einer Person. Dies setzt voraus, dass man die verwendeten Aufgaben danach beurteilen kann, ob sie richtig oder falsch sind. Leistungstests werden entweder als Speed-Tests konzipiert oder als Power-Tests. Bei Speed-Tests ist die Bearbeitungszeit so begrenzt, dass die wenigsten Personen alle Aufgaben lösen können. Bewertet wird, wieviele Aufgaben man in der festgelegten Zeit bearbeitet hat. Bei Power-Tests ist die Bearbeitungszeit nicht begrenzt, dafür werden die Aufgaben zunehmend schwieriger. Bewertet wird, welche und wieviele Aufgaben man überhaupt lösen konnte. Der Intelligenztest von Binet und Simon war also ein Power-Test.

Leistungs-
vs. Persön-
lichkeitstests

Persönlichkeitstests erfassen Einstellungen, Motive, Eigenschaften, Interessen oder Werte einer Person. Bei den verwendeten Testaufgaben gibt es, anders als bei Leistungstests, kein objektives Korrektheitskriterium. Ziel ist die Erhebung der *typischen Ausprägung* im Hinblick auf die interessierenden Merkmale. Das Freiburger Persönlichkeitsinventar FPI-R etwa umfasst Skalen für Lebenszufriedenheit, soziale Orientierung, Leistungsorientierung, Gehemmtheit, Erregbarkeit, Aggressivität, Beanspruchung, körperliche Beschwerden, Gesundheitssorgen und Offenheit. Betrachtet man die Ergebnisse in all diesen Bereichen zusammen, so ergibt sich für jede Person ein Persönlichkeitsprofil.

Mit dem Einsatz von Tests möchte man letztendlich zu einer quantitativen Aussage über eine individuelle Merkmalsausprägung kommen, zum Beispiel "Wie hoch ist die Intelligenz einer Person verglichen mit seinen Altersgenossen?" Die Regeln und Standards, um aufgrund eines Testergebnisses auf die "wahre" Ausprägung des Merkmals schließen zu können, werden durch die *Testtheorie* definiert. Generell unterscheidet man zwischen der *klassischen* und der *probabilistischen* Testtheorie. Im Folgenden wird zuerst die Entwicklung von Tests nach der klassischen Testtheorie erläutert, dann die Prüfung der Testgüte, zum Schluss wird kurz auf die probabilistische Testtheorie und Möglichkeiten der Testverfälschung eingegangen.

Klassische Testtheorie

Der klassischen Testtheorie liegt ein Messverständnis zugrunde, das dem ähnlich ist, welches unter dem Begriff der Fundamentalmessung bereits vorgestellt wurde. Angenommen wird, dass das zu messende Merkmal auf einer einheitlichen Dimension variiert und ein Testwert die "wahre" Ausprägung des Merkmals mit einem mehr oder weniger großen Messfehler misst:

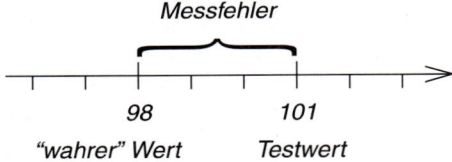

5 Axiome Folgende fünf Axiome definieren die Grundlage der klassischen Testtheorie:

(1) Ein Testwert X setzt sich zusammen aus dem wahren Wert T und dem Messfehler E: $X = T + E$.

(2) Für Testwiederholungen gilt: Der Durchschnitt aller Messfehler E ist Null: $\mu(E) = 0$.

(3) Die Größe des Messfehlers E ist unabhängig vom wahren Wert T, das heißt, T und E korrelieren nicht.

(4) Die Größe des Messfehlers E ist unabhängig von anderen Merkmalen der Person.

(5) Die Messfehler verschiedener Testanwendungen sind unabhängig.

Nach dem zweiten Axiom könnte man also den "wahren" Intelligenzquotienten einer Person einfach durch wiederholte Testung bestimmen. Der Durchschnitt aller Testungen entspräche gerade diesem wahren Wert, weil der Messfehler im Durchschnitt Null ist. Auch wenn sich klassisch konstruierte Tests im praktischen Einsatz sehr gut bewährt haben – die fünf Axiome bleiben definierende Annahmen, die empirisch nicht geprüft werden können, weil der Messfehler nicht separat bestimmt werden kann.

Wie werden Tests nach der klassischen Testtheorie entwickelt? Nicht jede Zusammenstellung von Aufgaben ist gleich ein psychologischer Test. Bis ein solcher anwendungsreif ist, muss er viele Schritte und Qualitätsprüfungen durchlaufen. Generell werden psychologische Tests in fünf Hauptschritten entwickelt.

5 Schritte der Testentwicklung

(1) Im ersten Schritt wird der *Inhalt des Tests* bestimmt. Welches Merkmal soll mit dem Test erfasst werden? Wie ist es definiert? Gibt es vielleicht bereits einen Test für dieses Merkmal? Es lohnt sich auf jeden Fall ein Blick in einen Testkatalog, um sicherzustellen, dass es nicht bereits gebräuchliche Tests gibt. Wollte man beispielsweise in der Lebenszufriedenheitsstudie einen Test zur systematischen Erfassung von körperlichen Beschwerden und Gesundheitssorgen einsetzen, so würde man im Testkatalog das Freiburger Persönlichkeitsinventar FPI-R finden mit zwei Skalen zu diesen Themen und sogar einer Skala zur Lebenszufriedenheit.

Testinhalt klären

(2) Im zweiten Schritt wird ein *Aufgabenpool* zusammengestellt. Hierbei ist unter anderem zu klären, welches Antwortformat die Aufgaben (Items) haben sollen. Geschlossene Formate geben Antwortmöglichkeiten vor und sind leicht auszuwerten, offene Antworten sind schwerer auszuwerten. Der FPI-R etwa enthält 138 Aussagen zur eigenen Person mit geschlossener Antwortvorgabe (die Aussage 'stimmt' beziehungsweise 'stimmt nicht'). Stimmt man der Aussage "Ich habe häufig Kopfschmerzen" zu, deutet dies auf körperliche Beschwerden hin, eine Zustimmung zur Aussage "Ich habe mich über die häufigsten Krankheiten und ihre ersten Anzeichen informiert" spricht für erhöhte Gesundheitssorgen.

Itempool entwickeln

(3) Im dritten Schritt werden die Aufgaben aus dem Pool einer Gruppe von Personen vorgegeben. Die dabei erhobenen Daten werden einer *Itemanalyse* unterzogen. Dabei berechnet man verschiedene statistische Kennwerte, um die am besten geeigneten Aufgaben für die endgültige Fassung des Tests auswählen zu können. Einige dieser Kennwerte werden im folgenden Abschnitt vorgestellt.

Itemanalyse durchführen

(4) Liegt eine erste Fassung des Tests vor, so wird im vierten Schritt seine Qualität anhand von drei *Gütekriterien* geprüft. Ist der Test objektiv, reliabel und auch valide, das heißt anwenderunabhängig, zuverlässig und inhaltlich gültig? Für den FPI-R etwa findet man im Testhandbuch folgende Angabe zur Zuverlässigkeit: "Die interne Konsistenz der Skalen (Chronbach Alpha) liegt zwischen

Testgüte bestimmen

0,73 und 0,83." Die Zuverlässigkeit liegt damit im mittleren Bereich. Wie man solche Gütekriterien prüft, wird ebenfalls im nächsten Abschnitt erläutert.

Testwerte normieren

(5) Im fünften und letzten Schritt schließlich werden für den endgültigen Test Normtabellen für die Auswertung erstellt. Die Grundidee der Auswertung klassisch konstruierter Tests ist, das einzelne Testergebnis nicht absolut zu sehen, sondern es im Vergleich zur Verteilung der Testwerte einer Referenzpopulation (Normstichprobe) zu beurteilen. Vielfach werden die Normtabellen so geeicht, dass die Testwerte einer sogenannten Normalverteilung folgen. Die Normalverteilung ist eingipflig, der Mittelwert m kommt am häufigsten vor, und die anderen Werte streuen "glockenförmig" und symmetrisch um den Mittelwert, etwa so:

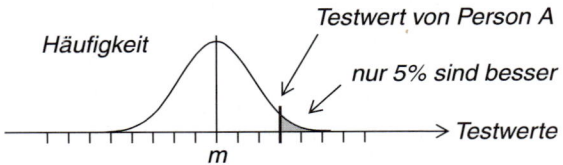

Intelligenztestwerte beispielsweise sind auf eine Normalverteilung mit einem Mittelwert von 100 normiert. Die Annahme hinter dieser Verteilungsform könnte man so umschreiben: Die Mehrzahl aller Personen ist "mittel" intelligent, große Abweichungen nach oben oder unten sind selten. Anhand solcher Verteilungen können dann Fragen der Art beantwortet werden, ob eine Person im Vergleich zu ihrer Alters-, Geschlechts- oder Bildungsgruppe eher über- oder unterdurchschnittlich zu bewerten ist. Über die Person A in der obigen Abbildung könnte man also sagen, dass sie mit ihrem Testwert zu den besten 5% ihrer Altersgruppe gehört.

Für den FPI-R gibt es für sieben Altersgruppen nach Geschlecht differenzierte Normen, die in einer repräsentativen Erhebung mit 3.740 Personen gewonnen wurden. Weiterhin ist die Bedeutung hoher und niedriger Skalenausprägungen im Testhandbuch genau beschrieben. Für die Skala zu körperlichen Beschwerden liest man dort etwa: "Probanden mit hohem Skalenwert haben ein gestörtes körperliches Allgemeinbefinden: Schlafstörungen, Wetterfühligkeit, Kopfschmerzen. Sie klagen außerdem über spezielle Beschwerden [...] Probanden mit niedrigem Skalenwert klagen über wenige Befindensstörungen oder Beschwerden."

Itemanalyse und Prüfung der Testgüte

Die im Aufgabenpool für einen Test zusammengestellten Aufgaben werden im Verlauf der Testentwicklung einer Stichprobe von Personen vorgegeben, und die Ergebnisse werden einer genauen Analyse unterzogen, um ungeeignete Aufgaben zu identifizieren. Letztendlich sollen nur Aufgaben mit genau definierten Eigenschaften in den Test aufgenommen werden. Folgende Kennwerte werden üblicherweise für eine solche Itemanalyse herangezogen: Die Rohwerteverteilung, die Schwierigkeit, die Trennschärfe und die Homogenität. Die folgenden Empfehlungen für die Größe der einzelnen Kennwerte sind Bortz und Döring (2002) entnommen.

Anhand der *Rohwerte-Verteilung* versucht man zu bestimmen, ob sich die Testwerte der gesamten Stichprobe günstig verteilen. Was für ein Gesamtbild ergibt sich? Streuen die Testwerte über ein ausreichend breites Spektrum, oder gibt es Häufungen? Ist die Verteilung symmetrisch oder asymmetrisch? Für Intelligenztestwerte wird, wie gesagt, eine Normalverteilung angestrebt. Durch Aussortieren einzelner Aufgaben kann man versuchen, die Verteilungsform zu korrigieren.

Ein zweiter, wichtiger Kennwert ist die *Itemschwierigkeit*. Für jede Aufgabe wird ausgezählt, wieviele Personen die Aufgabe richtig gelöst haben (R). Für den Schwierigkeitsindex wird diese Zahl dividiert durch die Gesamtzahl N der Personen: R / N. Wird eine Aufgabe von keiner Person gelöst, bekommt sie die Schwierigkeit 0, wird eine Aufgabe von drei Vierteln aller Personen gelöst, bekommt sie die Schwierigkeit 0,75, und eine Aufgabe, die von allen Personen gelöst wird, bekommt die Schwierigkeit 1.

Welche Schwierigkeitsindizes kennzeichnen brauchbare Testaufgaben? Testaufgaben sollen zwischen guten und schlechten Personen differenzieren. Sehr leichte beziehungsweise sehr schwere Aufgaben sind dafür wenig hilfreich; sie werden von fast allen Personen beziehungsweise von fast keiner Person gelöst. Als Faustregel gilt, dass die Itemschwierigkeiten breit zwischen 0,2 und 0,8 streuen sollten.

Die *Trennschärfe* drückt aus, wie gut bereits eine einzelne Aufgabe das Ergebnis des Gesamttests widerspiegelt. Sie wird mathematisch berechnet als Korrelation zwischen der Lösung der Aufgabe und dem Gesamtwert aller übrigen Aufgaben (dieser Wert heißt auch korrigierter Trennschärfe-Koeffizient). Korrelationswerte können zwischen −1 und +1 variieren. Eine positive Korrelation bedeutet, dass zwei Merkmale positiv zusammenhängen, das

Itemanalyse

Rohwerte-Verteilung

Item-schwierigkeit

Trennschärfe

heißt, je stärker das eine Merkmal ausgeprägt ist, desto stärker ist auch das andere ausgeprägt (wie Korrelationen genau berechnet werden, wird in Kapitel 3 erklärt). Ziel ist es, eine möglichst hohe Trennschärfe zu erreichen. Eine hohe Trennschärfe bedeutet, dass Personen, die im Gesamttest gut abschnitten, die Aufgabe gelöst haben, Personen hingegen, die schlecht abschnitten, aber nicht. Eine Trennschärfe zwischen 0,3 und 0,5 gilt als mittelgut, eine Trennschärfe über 0,5 gilt als hoch.

Die Trennschärfe ist nicht unabhängig von der Itemschwierigkeit! Dies kann man sich leicht vor Augen führen, wenn man sehr leichte und sehr schwere Aufgaben betrachtet. Da diese Aufgaben ja von fast allen Personen gleich gut/schlecht gelöst werden, *können* sie nicht mit dem Gesamttestergebnis korrelieren, in dem sich die Personen ja unterscheiden. Die Trennschärfe solcher Aufgaben ist prinzipiell gering. Hohe Trennschärfen sind nur bei mittelschweren Aufgaben möglich!

Homogenität

Als letzter Index wird schließlich oft noch die *Homogenität* der Aufgaben bestimmt. Meist will man ja mit einem Test nur ein einzelnes Merkmal erfassen. Für die Testaufgaben heißt das, dass sie alle dasselbe Merkmal messen sollen – folglich müssten die Lösungen der einzelnen Aufgaben untereinander korrelieren. Als Homogenitätsindex wird die durchschnittliche Korrelation zwischen allen Aufgabenpaaren berechnet. Ziel ist es, einen Homogenitätswert zwischen 0,2 und 0,4 zu erreichen. In diesem Bereich ist die Homogenität meist ausreichend hoch, ohne dass sich die Aufgaben inhaltlich zu ähnlich sind.

Auf der Grundlage dieser Kriterien wird die endgültige Auswahl der Aufgaben für einen Test optimiert. Einzelne Aufgaben, die zu wenig homogen sind, eine zu geringe Trennschärfe aufweisen, zu leicht oder zu schwierig sind oder zu einer ungünstigen Verteilung der Testergebnisse beitragen, werden ausgeschieden. Vielleicht müssen neue Aufgaben aufgenommen werden. Dann wird die Itemanalyse wiederholt. Dies macht man so lange, bis das Gesamtergebnis zufriedenstellend ist.

Prüfung der Testgüte

Wenn schließlich eine komplette Fassung eines Tests vorliegt, ist noch die Qualität des Gesamttests zu prüfen. Drei Gütekriterien werden herangezogen: *Objektivität, Reliabilität* und *Validität*. Was genau versteht man darunter?

Objektivität

Objektivität bedeutet allgemein gesprochen *Anwenderunabhängigkeit.* Ein Messergebnis sollte unabhängig von der Person sein, die es erhebt. Im Kontext von Tests meint dies: Das Testergebnis sollte unabhängig von der Person sein, die den Test anleitet, unabhängig von der Person, die ihn auswertet, und unabhängig von der Person, die das Ergebnis interpretiert. Heutige Tests haben meist eine perfekte Objektivität.

Durchführungsobjektivität wird dadurch erreicht, dass man die Durchführung Schritt für Schritt in einem Testhandbuch beschreibt und die Instruktion wörtlich vorgibt. *Auswertungsobjektivität* wird dadurch sichergestellt, dass man Aufgaben mit geschlossenem Antwortformat (zum Beispiel *multiple choice*) verwendet und für die Auswertung Schablonen beziehungsweise Computerprogramme anbietet. Fehler bei der Bewertung der Antworten sind dadurch nahezu ausgeschlossen. *Interpretationsobjektivität* schließlich soll gewährleisten, dass die Interpretation der Testergebnisse keine subjektive Deutung ist. Wie im letzten Abschnitt bereits erläutert, werden meist Normtabellen als Vergleichsmaßstab angeboten, zum Beispiel aufgeschlüsselt nach Altersstufen, Geschlecht oder Bildungsgruppe.

Das zweite Gütekriterium, die *Reliabilität*, ist ein Maß für die Zuverlässigkeit eines Tests, das heißt für seine Messgenauigkeit. Je kleiner die Messfehler, desto größer die Reliabilität. Auch Reliabilitäten werden über Korrelationen bestimmt. Als mittelgut gelten Werte zwischen 0,8 und 0,9; gut sind Werte über 0,9.

Reliabilität

Es gibt verschiedene Methoden zur Bestimmung der Reliabilität: Eine Variante besteht darin, einen Test einfach ein und derselben Gruppe von Personen mit einem gewissen zeitlichen Abstand *zweimal* vorzugeben und zu prüfen, wie stark die Ergebnisse beider Testungen korrelieren. Das Ergebnis wird als *Retest-Reliabilität* bezeichnet; es spiegelt die Stabilität der Messung über die Zeit wider. Diese Methode führt allerdings eher zu einer Überschätzung der Reliabilität (wenn etwa Lösungen einzelner Aufgaben erinnert werden) und sie ist nicht einsetzbar, wenn der Test ein Merkmal erfasst, das sich bei Personen rasch ändern kann.

Methoden der Reliabilitäts-bestimmung

Die folgenden beiden Verfahren unterliegen diesem Problem nicht, da die Testung zu einem einzigen Zeitpunkt erfolgt. Die Idee ist, ein und dieselbe Gruppe von Personen *zwei Versionen* direkt nacheinander bearbeiten zu lassen und zu prüfen, wie stark beide Versionen korrelieren. Verwendet man dazu zwei vollständige Testversionen, bezeichnet man das Ergebnis als *Paralleltest-Reliabilität*, es spiegelt die Äquivalenz zwischen beiden Tests wider. Allerdings kann es recht aufwändig sein, zwei komplette Testversionen zu konstruieren, und im Resultat erweisen sich immer entweder beide als reliabel oder keine. Manchmal wird deshalb einfach die Korrelation zwischen zwei beliebigen Testhälften bestimmt. Die durchschnittliche *Testhalbierungs-Reliabilität* aller möglichen Halbierungen bezeichnet man als Chronbach-α oder Homogenitätsindex; sie ist ein Maß für die Äquivalenz der Testhälften. Bei diesem Verfahren ist das Problem, dass die Reliabilität eher unterschätzt wird, weil sie grundsätzlich mit sinkender Zahl von Aufgaben abnimmt. Abhilfe schafft hier eine mathematische Korrektur.

Validität

Das dritte Gütekriterium, die Validität oder Gültigkeit, fragt danach, ob ein Test auch das misst, was er messen soll. Ein Aufmerksamkeitstest beispielsweise sollte die Aufmerksamkeit messen und nicht die feinmotorischen Fähigkeiten einer Person. Eine hohe Objektivität und eine hohe Reliabilität nützen nichts, wenn ein Test nicht valide ist! Die einfachste Methode der Validitätsbestimmung beruht auf dem Augenschein. Ein Test gilt dann als *inhaltsvalide*, wenn der Inhalt der Testaufgaben das zu messende Merkmal augenscheinlich abdeckt. So sollte ein Test zum Lehrstoff der 5. Klasse natürlich Aufgaben aus dem Lehrplan dieser Klassenstufe enthalten. Auf Inhaltsvalidität achtet man selbstverständlich schon bei der Konstruktion der Aufgaben, nicht erst am Ende der Testentwicklung. Die folgenden anderen Methoden zur Bestimmung der Validität eines Tests basieren wieder auf Korrelationen. Als mittelgut gelten Validitätswerte zwischen 0,4 und 0,6; gut sind Werte über 0,6.

Methoden der Validitäts-bestimmung

Von *Kriteriumsvalidität* spricht man, wenn die Ergebnisse eines Tests mit anderen Erhebungsmethoden für das gewünschte Merkmal korrelieren. Der frühere Eingangstest zum Medizinstudium beispielsweise korrelierte hoch mit dem Studienerfolg (Kriterium) in diesem Fach und konnte damit als valide gelten. Bei der sogenannten *Konstruktvalidität* werden bekannte inhaltliche Zusammenhänge mit einem Test geprüft. Stellen Sie sich vor, ein Test zum Attributionsstil – ob eine Person für negative Ereignisse eher andere Personen oder die Umstände verantwortlich macht – solle validiert werden. Aus der Forschung weiß man, dass eine personale Ursachenattribution häufiger zur Emotion Ärger führt als eine situative Attribution. Korrelieren die Ergebnisse des Attributionstests mit Angaben zu Ärgeremotionen, so kann man dies ebenfalls als eine Validierung des Tests ansehen, nämlich als Konstruktvalidierung.

Obwohl diesen Gütekriterien im Kontext psychologischer Tests eine besondere Bedeutung zukommt – für jeden Test sind entsprechende Ergebnisse im Testhandbuch ausgewiesen – gelten sie eigentlich für alle Messverfahren: Jede Art der Datenherhebung soll objektiv erfolgen, reliabel und valide sein.

Probabilistische Testtheorie

Die probabilistische Testtheorie stellt eine alternative Grundlage für die Testentwicklung dar. Sie wird hier allerdings wegen ihrer Komplexität nur kurz skizziert. Vertiefende Literatur ist am Ende dieses Kapitels genannt.

Die Grundidee ist folgende: Auf der mit dem Test anvisierten Merkmalsdimension hat jede Person eine bestimmte Ausprägung oder "Fähigkeit". Diese gilt es durch den Test zu bestimmen. Weiterhin betrachtet man jede einzelne Testaufgabe als eigenständigen Indikator für diese Fähigkeit. Die Aufgaben sind dadurch charakterisiert, dass ihre Lösungswahrscheinlichkeit allein von der Schwierigkeit der Aufgabe und der Fähigkeit der Person abhängt.

Grundidee

Den Verlauf dieser Lösungswahrscheinlichkeit über das gesamte Spektrum der Fähigkeit bezeichnet man als *Itemcharakteristik*. Hier sehen Sie die Charakteristiken dreier Items abgebildet:

Itemcharakteristik

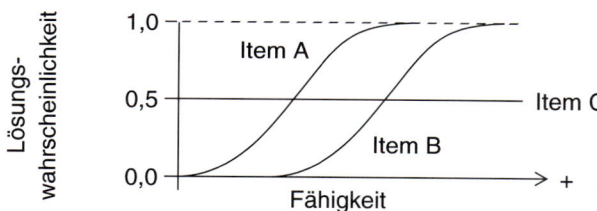

Die Charakteristik von Item C macht diese Aufgabe unbrauchbar für einen Test, weil sie unabhängig von der Fähigkeit mit einer Wahrscheinlichkeit von 50% gelöst wird. Item A und B dagegen sind gut für einen Test geeignet, da die Lösungswahrscheinlichkeit mit steigender Fähigkeit monoton ansteigt. Je "besser" eine Person, desto eher löst sie die Aufgabe. Item A ist einfacher als Item B, es wird bereits bei einer geringeren Fähigkeit gelöst. Item A differenziert deshalb besser zwischen Personen mit niedriger Ausprägung der Fähigkeit, Item B differenziert besser zwischen Personen mit einer höheren Ausprägung der Fähigkeit. Je nach Messmodell müssen die Itemcharakteristiken der Aufgaben einer festgelegten mathematischen Funktion folgen. Die Kurven für Item A und B etwa folgen einer sogenannten logistischen Funktion, wie sie im *logistischen Modell* von Rasch aus dem Jahr 1960 verlangt wird.

Vorteile

Bei der Konstruktion eines Tests nach der probabilistischen Testtheorie müssen zwei Arten von Parametern geschätzt werden: *Itemparameter*, also die Schwierigkeiten der einzelnen Aufgaben, und *Personenparameter*, also die Fähigkeitswerte für die mit einer ersten Testversion untersuchten Personen. Dies ist möglich und kann mit entsprechenden Computerprogrammen gemacht werden. Im Gegensatz zur klassischen Testtheorie können dabei die Modellannahmen tatsächlich geprüft werden, das heißt zum Beispiel, dass man für jede Aufgabe bestimmen kann, ob ihre Itemcharakteristik der geforderten mathematischen Funktion folgt.

Ein weiterer Vorteil dieses Ansatzes ist, dass *adaptiv* getestet werden kann. Dabei werden die Testaufgaben nacheinander vorgegeben, und nach jeder Aufgabe wird der Wert für die Fähigkeit geschätzt. Als nächste Aufgabe wird dann eine solche gewählt, die im Bereich des aktuell geschätzten Fähigkeitswertes die höchste Trennschärfe aufweist und damit die präziseste Schätzung der Fähigkeit ermöglicht. Die gezeigten logistischen Funktionen etwa haben die größte Trennschärfe im mittleren Bereich, wo die Kurve am steilsten verläuft.

Möglichkeiten der Testverfälschung

Auch bei sorgfältig konstruierten Tests gibt es eine Reihe von Möglichkeiten, wie Testpersonen Testergebnisse verfälschen können. Diese müssen bei der Interpretation der Ergebnisse gegebenenfalls berücksichtigt werden. Drei wichtige Varianten der Testverfälschung sollen hier kurz vorgestellt werden: Veränderungen des Testergebnisses durch *Raten*, durch *Selbstdarstellung* und durch *Antworttendenzen* (Bortz & Döring, 2002).

Raten

Durch Raten wird die eigentliche Fähigkeit überschätzt, und zwar umso stärker, je geringer die Fähigkeit ist. Eine Person, die 10 Aufgaben mit ja/nein-Antworten allein durch Raten löst und keinerlei andere Kompetenz dazu nutzen kann, macht im Durchschnitt immer noch 5 Aufgaben richtig! Sie erhält also nicht den Wert 0, weil sie die für die Aufgaben notwendigen Kompetenzen nicht hat, sondern den Wert 5. Eine andere Person, die immerhin 8 der 10 Aufgaben aufgrund ihrer Kompetenz richtig gelöst hat, kann im Durchschnitt 9 richtige Aufgaben erwarten, da sie bei den restlichen zwei Aufgaben im Durchschnitt einmal richtig rät. Wie kann man mit diesem Problem umgehen, das hauptsächlich bei Leistungstests auftritt? – Man könnte die Aufgaben so ändern, dass es mehr

Antwortalternativen gibt. Dann sinkt automatisch die Wahrscheinlichkeit, durch Raten auf die richtige Lösung zu kommen. Eine
andere Möglichkeit ist, *Ratekorrekturen* einzusetzen. So könnte
man als Testergebnis nicht die Gesamtzahl der richtigen Aufgaben
nehmen, sondern die Anzahl der richtigen Aufgaben minus der
Anzahl der falschen. In unserem Beispiel bekäme die erste Person,
die nur rät, den Testwert 0 (5 richtige minus 5 falsche Aufgaben),
die zweite Person hingegen den Testwert 8 (9 richtige minus 1
falsche) – was ihren Fähigkeiten eher gerecht wird.

**Selbst-
darstellung**

Vor allem bei Persönlichkeitstests antworten Personen häufig
nicht nach ihrer wirklichen Meinung oder Einschätzung. Stattdessen
versuchen sie, mit ihren Antworten ein günstiges Bild von sich zu
vermitteln. Eine besondere Art der Selbstdarstellung ist das Antworten nach *sozialer Erwünschtheit*: Personen wählen ihre Antworten
danach, was sie als sozial akzeptabel oder üblich ansehen. Leider
weiß man oft nicht, was genau für sozial erwünscht gehalten wird.
Wie kann man diesen Tendenzen entgegenwirken? – Teilweise hilft
es, wenn man explizit zu korrektem Testverhalten auffordert und die
genauen Ziele des Tests transparent macht. Mit sogenannten *Kon-
trollskalen* wird ebenfalls versucht, sozial erwünschtes Verhalten
festzustellen. Dazu werden Fragen in den Test eingebaut, für die
man weiß, welche Antworten sozial erwünscht sind. Gibt eine Person bei diesen Fragen gerade die sozial erwünschten Antworten, so
wertet man dies als einen Hinweis darauf, dass sie vielleicht auch
die anderen Fragen sozial erwünscht beantwortet haben könnte.

**Antwort-
tendenzen**

Manchmal neigen Personen dazu, bei Aufgaben einfach immer
Zustimmung oder Ablehnung zu signalisieren (ja-sage-Tendenz
beziehungsweise nein-sage-Tendenz). Diesem Phänomen versucht
man in Tests wie auch in Fragebögen und Interviews dadurch entge-
genzuwirken, dass man eindeutige Frageformulierungen verwendet,
ausreichend differenzierte Antwortmöglichkeiten vorgibt und die
Fragen unterschiedlich "polt", sodass bei ein und derselben Einstellung manchmal mit "ja" und machmal auch mit "nein" geantwortet
werden muss.

Literaturhinweise

Einen breiten Überblick über viele Varianten dieser und weiterer
Datenerhebungsverfahren geben Bortz und Döring (2002). Neben
praktischen Tipps zur Durchführung behandeln sie auch mögliche
Probleme, beschreiben vielfältige Antworttendenzen und geben

Hinweise zum Umgang damit. Einführungen zu den Themen Messung und Skalen findet man praktisch in jedem Statistiklehrbuch; das Lehrbuch von Steyer und Eid (2001) beschreibt die mathematischen Grundlagen verschiedener Messmodelle. Faßnacht (1995) gibt eine Einführung in die Methode und Praxis der Verhaltensbeobachtung. Dort findet man auch weiterführende Informationen zur Bildung und zum Einsatz von Kategoriensystemen. Die Entwicklung, Durchführung und Auswertung von Interviews und schriftlichen Befragungen werden von Mayer (2004) und Mummendey (2003) behandelt, für die Erhebung verbaler Protokolle lauten Denkens ist die klassische Arbeit von Ericsson und Simon (1984) einschlägig und für die Inhaltsanalyse das Buch von Mayring (2003). Mummendey (2003) beschäftigt sich auch ausführlich mit dem Problem der Selbstdarstellung und seiner Kontrolle. Detaillierte Einführungen in die Testtheorie und Testkonstruktion findet man bei Rost (2004) oder Bühner (2004). Der jährlich neu erscheinende Testkatalog der Testzentrale Göttingen (http://www.testzentrale.de) führt mehr als 750 psychodiagnostische Verfahren für alle Anwendungsbereiche auf. Viele nützliche Hinweise zur Durchführung von Untersuchungen im Internet geben die Bücher von Batinic, Reips und Bosniak (2002), Birnbaum (2000) und Janetzko (1999).

Arbeitsanregungen

Aufgabe 2.1 Welches Skalenniveau haben die folgenden Variablen: (1) Universitätsranking, (2) Versuchspersonen-Nummern, (3) Reaktionszeit auf ein Signal?

Aufgabe 2.2 In einem Interview zur aktuellen politischen Lage wurden die folgenden vier Fragen gestellt. Halten Sie die einzelnen Fragen für gut formuliert? Wenn nein, warum nicht? (1) Sie meinen doch auch, dass Herr X untragbar geworden ist, oder? (2) Was würden Sie wählen, wenn am Sonntag Wahl wäre: (a) CDU, (b) SPD? (3) Welcher Kanzlerkandidat ist Ihnen am meisten sympathisch: Schröder, Merkel oder Stoiber? (4) Glauben Sie nicht, dass die SPD gewinnt?

Aufgabe 2.3 Überlegen Sie sich eine Fragestellung, zu der Sie gerne mit einem *Fragebogen* genauere Informationen erheben würden. Konzipieren Sie einen kurzen Fragebogen, der die relevanten Bereiche Ihrer Fragestellung abdeckt. Der Fragebogen sollte eine einleitende Instruktion und zehn Fragen mit unterschiedlichen Antwortformaten umfassen. Prüfen Sie Ihren Fragenkatalog nach den genannten Kriterien und geben Sie ihn einigen Personen vor. Was für Ergebnisse erhalten Sie?

3. Daten beschreiben

Sind die Daten einer Untersuchung erhoben, so erhält man mit *deskriptiven Statistiken* einen Überblick über die Ergebnisse. Man fasst Daten zusammen, bereitet sie tabellarisch oder grafisch auf und beschreibt durch mathematische Kennwerte die Verteilung der Messwerte. Dass man mit deskriptiven Statistiken wahre Sachverhalte auch verschleiern kann, macht folgendes Zitat deutlich: "Ich stehe Statistiken etwas skeptisch gegenüber", sagte Franklin Roosevelt (1882-1945), "denn laut Statistik haben ein Millionär und ein armer Schlucker je eine halbe Million". In den ersten beiden Teilen dieses Kapitels werden typische Arten der Aufbereitung von Daten mittels Tabellen, Grafiken und statistischen Kennwerten vorgestellt. Der letzte Teil behandelt einige Varianten suggestiver und verschleiernder Datenpräsentation, die man unbedingt kennen sollte, damit man Manipulationen leichter auf die Spur kommt.

Deskriptive Statistik

3.1 Darstellung von Daten

Ausgangspunkt für die Beschreibung und Analyse der Daten bilden die *Rohdaten*. Dazu werden alle erhobenen Messwerte tabelliert. Die Variablen werden spaltenweise, die Werte einer Person zeilenweise notiert. So aufbereitet lassen sich die Daten vielerlei statistischen Analysen unterziehen, wie sie von verschiedenen Computerprogrammen angeboten werden (zum Beispiel im *Statistical Package for the Social Sciences* SPSS).

Rohdaten

Im Szenario des *Lehrmethodenvergleichs* aus dem Einführungskapitel wurden mit zwei neuen Lehrmethoden N1 und N2 sowie einer älteren Methode A je 10 Personen unterrichtet. Für alle Personen sei das Alter und das Geschlecht notiert worden. Zudem seien die Ergebnisse eines Vortests verwendet worden, um die Personen nach ihrem Vorwissen möglichst ausgeglichen auf die Gruppen zu verteilen ("auszubalancieren"). Nach der Weiterbildungsveranstaltung musste dann jede Person einen Wissenstest mit 10 Behaltens-

**Eine Roh-
datentabelle**

Person	Alter	Geschlecht	Vortest	Lehr-methode	Behaltens-aufgaben	Transfer-aufgaben
		Balancierungs-variablen		unab-hängige Variable	abhängige Variablen	
1	31	m	3	Alt	10	5
2	33	w	1	Alt	8	4
3	29	m	2	Alt	7	1
4	29	m	2	Alt	10	4
5	34	m	3	Alt	9	5
6	27	w	3	Alt	9	4
7	28	w	2	Alt	8	4
8	36	m	1	Alt	7	3
9	32	w	3	Alt	8	4
10	32	m	2	Alt	9	5
11	26	m	2	Neu 1	8	3
12	28	w	3	Neu 1	7	4
13	28	w	1	Neu 1	8	4
14	34	w	3	Neu 1	9	5
15	27	m	2	Neu 1	10	5
16	37	m	2	Neu 1	6	2
17	42	w	1	Neu 1	10	4
18	33	m	2	Neu 1	8	3
19	26	m	3	Neu 1	8	4
20	29	w	3	Neu 1	7	3
21	31	w	1	Neu 2	9	7
22	37	w	2	Neu 2	9	8
23	28	m	3	Neu 2	8	6
24	29	w	3	Neu 2	10	9
25	32	m	2	Neu 2	7	6
26	27	w	1	Neu 2	7	7
27	31	w	2	Neu 2	10	8
28	29	w	2	Neu 2	8	6
29	32	m	3	Neu 2	6	7
30	28	m	3	Neu 2	9	7

und 10 Transferaufgaben bearbeiten. Erfasst wurde die Häufigkeit richtig gelöster Aufgaben (im Maximum je 10). Die Rohdaten der 30 Personen sind in der nebenstehenden Tabelle wiedergegeben.

Tabellarische Darstellung

Im ersten Analyseschritt betrachtet man die Verteilung der erhobenen Messwerte für jede Variable. Die Häufigkeiten kategorialer Variablen lassen sich in Tabellenform übersichtlich darstellen; auch quantitative Variablen können in Kategorien unterteilt werden (siehe Kapitel 2, Seite 31). So könnte man zum Beispiel die Verteilung für die Variable Geschlecht auszählen, und die Personen nach ihrem Abschneiden in den Behaltens- und Transferaufgaben in "gut", "mittel" und "schlecht" einteilen. In der Tabelle unten wurden die Daten entsprechend aufbereitet, und zwar getrennt für die drei Unterrichtsmethoden A, N1 und N2.

	Absolute (relative) Häufigkeiten		
	Methode A	Methode N1	Methode N2
	Geschlecht		
männlich	6 (60%)	5 (50%)	4 (40%)
weiblich	4 (40%)	5 (50%)	6 (60%)
	Behaltensaufgaben		
schlecht (0-3)	0 (0%)	0 (0%)	0 (0%)
mittel (4-6)	0 (0%)	1 (10%)	1 (10%)
gut (7-10)	10 (100%)	9 (90%)	9 (90%)
	Transferaufgaben		
schlecht (0-3)	2 (20%)	4 (40%)	0 (0%)
mittel (4-6)	8 (80%)	6 (60%)	3 (30%)
gut (7-10)	0 (0%)	0 (0%)	7 (70%)

Der Tabelle kann man drei Ergebnisse entnehmen: Erstens, die Personen verteilten sich hinsichtlich des Geschlechts annähernd gleich auf die Gruppen. Zweitens, bei den Behaltensaufgaben schnitten die Personen in allen drei Gruppen gleich gut ab; fast alle hatten sieben oder mehr Aufgaben richtig. Bei den Transferaufgaben zeigen sich jedoch Unterschiede. Am besten gelang der Transfer den Teilnehmern, die nach der neuen Methode N2 unterrichtet worden waren; sie schnitten mittelgut bis gut ab. Den Teilnehmern der anderen beiden Gruppen gelang der Transfer weniger gut.

Grafische Darstellung

Häufigkeitsverteilungen lassen sich auch grafisch darstellen, zum Beispiel in Form von Balkendiagrammen. Dadurch sind relevante Aspekte der Ergebnisse quasi "auf einen Blick" erfassbar. Bei den Behaltensaufgaben unterscheiden sich die drei Gruppen A, N1 und N2 nicht, wohl aber bei den Transferaufgaben:

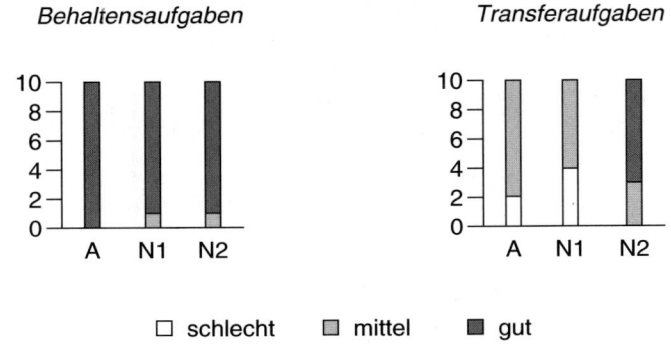

□ schlecht   ■ mittel   ■ gut

Diagramm-varianten

Moderne Statistik- und Textverarbeitungsprogramme bieten eine Fülle von Diagrammarten zur Auswahl an: Säulen-, Balken-, Linien-, Kreis-, Flächen- oder Punktdiagramme, um nur einige zu nennen. Gestapelte Balkendiagramme, wie die hier gezeigten, eignen sich dafür, Differenzen und relative Anteile zwischen Kategorien zu verdeutlichen: Bei den Transferaufgaben haben in der Gruppe N2 mehr als *doppelt so viele* Personen gut wie mittelgut abgeschnitten. Linienzüge eignen sich eher für Daten, die einer bestimmten Anordnung unterliegen, zum Beispiel einem zeitlichen Verlauf folgen; dann können die Linien als zeitliche Entwicklung interpretiert werden.

Gute Diagramme

Verbindliche Regeln für die Verwendung von Diagrammen sind schwer anzugeben. Generell kann man aber sagen: Die grafische Darstellung sollte die relevanten Aspekte der Daten zeigen, Daten kohärent darstellen, keine Fehlinterpretation nahelegen, einem klaren Zweck dienen, möglichst gut mit der sprachlichen Beschreibung abgestimmt sein und möglichst wenig spezielle Erklärungen benötigen. Sie sollte den Betrachter dazu anregen, über die Inhalte nachzudenken, nicht über die Gestaltung der Grafik, und ihn ermutigen, Teile der Daten zu vergleichen (Tufte, 2001).

3.2 Wichtige statistische Kennwerte

Die Häufigkeitsverteilungen der Messwerte einer Variablen werden durch zwei Arten mathematischer Kennwerte summarisch beschrieben:

- Maße der *zentralen Tendenz* ("Mittelwert") und
- Maße der *Variabilität* ("Streuung"). *Dispersion*

Erst eine Kombination aus beiden Maßen charakterisiert die Verteilung hinreichend genau. Im Folgenden werden verschiedene solcher Maße mit ihren Eigenschaften vorgestellt. Weiterhin wird erklärt, wie man Messwerte aus zwei Verteilungen vergleichbar machen und Zusammenhänge zwischen Variablen bestimmen kann.

Maße der zentralen Tendenz

Ein Maß der zentralen Tendenz ist ein Kennwert, welcher die gesamte Verteilung auf eine bestimmte Art "am besten" wiedergibt. Üblicherweise werden drei Werte verwendet:

- *Modalwert*,
- *Median* und
- *arithmetisches Mittel*.

Der Modalwert (abgekürzt: *Mo*) ist der Wert einer Verteilung, der am häufigsten vorkommt. Für ihn gilt, dass ein zufällig ausgewählter Untersuchungsteilnehmer diesen Wert mit der *größten Wahrscheinlichkeit* aufweist. Den Modalwert kann man für jeden Variablentyp ermitteln, also für nominalskalierte Variablen wie auch für ordinal-, intervall- oder verhältnisskalierte Variablen. Er wird üblicherweise nur bei Verteilungen verwendet, die genau einen "Gipfel" (ein Maximum) haben, nicht aber bei mehr-gipfligen Verteilungen.

Modalwert

Bei quantitativen Daten, die künstlich in Kategorien eingeteilt wurden, gelten besondere Regeln: Gibt es eine Kategorie, die am häufigsten besetzt ist, so nimmt man die *Mitte* der Kategorie als Modalwert. Sind zwei nebeneinanderliegende Kategorien gleichhäufig besetzt, so nimmt man die *Grenze* dazwischen.

In der folgenden Tabelle sehen Sie die Häufigkeiten, mit der eine bestimmte Zahl von Aufgaben richtig gelöst wurde, und zwar einmal für die Behaltensaufgaben und einmal für die Transferaufgaben

Zahl richtiger Lösungen	Behaltens-aufgaben	Transfer-aufgaben
0	–	–
1	–	1
2	–	1
3	–	4
4	–	- 9 -
5	–	5
6	2	3
7	6	4
8	- 9 -	2
9	7	1
10	6	–
	30	30

(über alle 30 Personen summiert). Der Modalwert ist die am häufigsten besetzte Kategorie. Von den Behaltensaufgaben haben die meisten Personen acht Aufgaben richtig gelöst ($Mo = 8$), von den Transferaufgaben nur vier ($Mo = 4$). Die Wahrscheinlichkeit, dass eine zufällig ausgewählte Person genau acht Behaltensaufgaben beziehungsweise vier Transferaufgaben richtig hat, beträgt in beiden Fällen 9/30 (also 0,3 oder 30%).

Median

Der *Median* (abgekürzt: *Md*) ist der Wert, der eine Verteilung halbiert, das heißt 50% der Messwerte liegen links davon und 50% rechts davon. Für den Median gilt, dass die *Differenzen* zwischen *Md* und den einzelnen Werten im Durchschnitt *minimal* ist. Die Bildung eines Median setzt mindestens eine Ordinalskala voraus.

Nachfolgend sehen Sie die Zahl richtig gelöster Behaltens- und Transferaufgaben aller Untersuchungsteilnehmer aufgelistet, und zwar der Größe nach sortiert von links nach rechts beziehungsweise von oben nach unten. Bei den Behaltensaufgaben hatten zwei Personen 6 Aufgaben richtig gelöst, sechs Personen hatten 7 Aufgaben richtig gelöst, neun Personen 8 Aufgaben, und so weiter. Bei einer ungeraden Anzahl von Werten fällt der Median genau auf einen Wert. Da in diesem Beispiel aber jeweils eine gerade Anzahl von Werten vorliegt, fällt die 50%-Grenze zwischen zwei Werte. In diesem Fall wird der Mittelwert der beiden Werte genommen. Für die Behaltensaufgaben ergibt sich deshalb ein Median von $Md = 8$, für die Transferaufgaben von $Md = 4,5$.

Behaltensaufgaben								Transferaufgaben					
6	6	7	7	7	7			1	2	3	3	3	3
7	7	8	8	8	8	50%		4	4	4	4	4	4
8	8	**8**	8	8	9			4	4	**4**	5	5	5
9	9	9	9	9	9	50%		5	5	6	6	6	7
10	10	10	10	10	10			7	7	7	8	8	9

Bei quantitativen Daten, die künstlich in Kategorien eingeteilt wurden, kann der Median extrapoliert werden aus der Kategorienbreite und der Zahl der Personen in der "kritischen" Kategorie, in welche die Halbierung fällt. Entsprechende Formeln hierfür findet man in vielen Statistiklehrbüchern (zum Beispiel Bortz, 1999).

Arithmetisches Mittel

Das arithmetische Mittel (abgekürzt: m) wird berechnet als Summe aller Werte x_i dividiert durch die Anzahl der Werte n. Für das arithmetische Mittel gilt, dass die *Summe der quadrierten Differenzen* zwischen m und den einzelnen Werten *minimal* ist. "Ausreißer" in den Daten fallen beim arithmetischen Mittel stärker ins Gewicht als bei den anderen beiden Kennwerten. Für die Berechnung dieses Mittelwertes muss eine Variable mindestens intervallskaliert sein.

$$\frac{\sum_{i=1}^{n} x_i}{n}$$

Für die Daten des Lehrmethodenvergleichs ergeben sich folgende arithmetische Mittelwerte: Über alle drei Gruppen zusammen hat eine Person im Durchschnitt $m = 8,3$ Behaltensaufgaben gelöst und $m = 4,9$ Transferaufgaben. Die Behaltensaufgaben waren also deutlich leichter als die Transferaufgaben. Für die drei Gruppen getrennt, sind die Ergebnisse in der Tabelle unten ausgewiesen. Während bei den Behaltensaufgaben die drei Gruppen ähnliche Mittelwerte aufweisen, gibt es Gruppenunterschiede bei den Transferaufgaben. Die Personen, die nach der neuen Methode N2 unterrichtet wurden,

	Mittlere Lösungshäufigkeit (m)		
Aufgabe	Methode A	Methode N1	Methode N2
Behalten	8,5	8,1	8,3
Transfer	3,9	3,7	7,1

schnitten deutlich besser ab. Wie man prüft, ob ein solcher Unterschied statistisch bedeutsam ist oder eher zufällig zustande kam, wird in Kapitel 5 und Kapitel 6 erklärt.

Physikalische Deutung

Das arithmetische Mittel lässt sich auch physikalisch deuten. Stellen Sie sich eine Balkenwaage vor, auf der alle Messwerte als gleichschwere Gewichte angeordnet sind, wie unten für die Verteilung der Zahl richtiger Lösungen (von 0 bis 10) in den Transferaufgaben gezeigt. Wenn sich die Waage im Gleichgewicht befindet, dann entspricht der Auflagepunkt des Balkens genau dem arithmetischen Mittel. Einzelne Werte, die sehr weit links oder rechts außen liegen ("Ausreißer"), stören dieses Gleichgewicht empfindlich und haben deshalb einen starken Einfluss auf den Gleichgewichtspunkt.

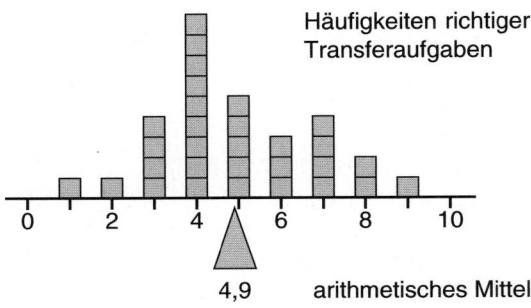

Die Kennwerte im Vergleich

Wie man an den Beispielen ebenfalls sehen kann, fallen die verschiedenen Maße der zentralen Tendenz nicht unbedingt zusammen. Bei den Transferaufgaben betrug der Modalwert über alle 30 Personen gerechnet $Mo = 4$, der Median $Md = 4{,}5$ und das arithmetische Mittel $m = 4{,}9$ ($Mo < Md < m$). Dies deutet auf eine "linkssteile" Verteilung der Werte hin. Bei einer symmetrischen Verteilung entspricht das arithmetische Mittel dem Median und dem Modalwert; für eine rechtssteile Verteilung gilt: $m < Md < Mo$.

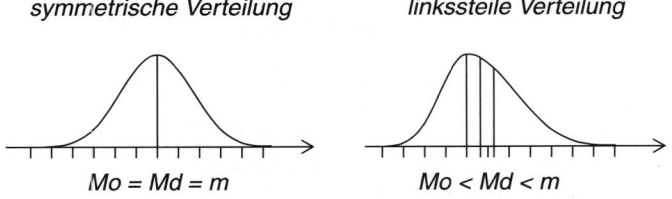

Maße der Variabilität

Ein Maß der zentralen Tendenz gibt einen einzelnen Wert an, der eine Verteilung "am besten" beschreibt. Dass die Werte der Verteilung bei ein und demselben Mittelwert dennoch sehr stark variieren können, illustriert folgende Abbildung zweier Verteilungen, die beide ein arithmetisches Mittel von $m = 3$ haben:

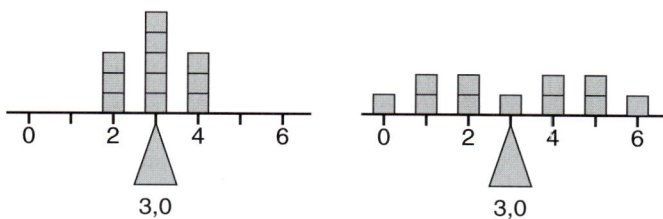

Links gruppieren sich die 11 Werte eng um den Mittelwert von 3, rechts verteilen sie sich nahezu gleichmäßig zwischen 0 und 6. Maße der *Variabilität* sind Kennwerte, die charakterisieren, wie stark sich die einzelnen Messwerte unterscheiden. Üblicherweise werden folgende Variabilitätsmaße verwendet:

- *Variationsbreite,*
- *Mittlere Abweichung,*
- *Varianz* und
- *Standardabweichung.*

Die Variationsbreite (oder auch: *range*) wird berechnet als Differenz aus dem größten und dem kleinsten Wert. Die Bestimmung der Variationsbreite setzt mindestens ordinalskalierte Daten voraus.

Variations-breite (*range*)

> Aus den Daten der Lehrmethodenvergleichsstudie (Seite 66) ergibt sich für die Zahl korrekt gelöster Behaltensaufgaben ein *range* von $10 - 6 = 4$ und für die Zahl korrekt gelöster Transferaufgaben ein *range* von $9 - 1 = 8$. Die Behaltensaufgaben wurden also insgesamt homogener gelöst als die Transferaufgaben.

Da der *range* aus den Extremwerten gebildet wird, fallen einzelne "Ausreißer" in der Verteilung stark ins Gewicht. Um dieses Problem zu umgehen, kann man den betrachteten Bereich einschränken und zum Beispiel nur den *range* der mittleren 80% der Werte als Maß für die Variabilität nehmen (Interdezilbereich). Dabei "schneidet" man von der Verteilung links und rechts jeweils 10% der Werte und damit auch die Ausreißer ab. Manchmal werden auch nur die mittleren 50% der Verteilung genommen (Interquartilbereich).

Mittlere Abweichung

$$\frac{\sum\limits_{i=1}^{n} |x_i - m|}{n}$$

Die *mittlere Abweichung* (*average deviation*, abgekürzt: AD) wird berechnet als Durchschnitt der absoluten Abweichung jedes einzelnen Wertes x_i vom arithmetischen Mittel m aller Werte. Weil zur Durchschnittsbildung das arithmetische Mittel verwendet wird, muss die betrachtete Variable mindestens intervallskaliert sein.

> Für die Daten des Lehrmethodenvergleichs ergeben sich eine mittlere Abweichung von $AD = 30,2 / 30 = 1,01$ für die Behaltensaufgaben und von $AD = 45 / 30 = 1,5$ für die Transferaufgaben.

Varianz

$$\frac{\sum\limits_{i=1}^{n} (x_i - m)^2}{n}$$

Varianz (s^2) und Standardabweichung (s) sind die gebräuchlichsten Maße der Variabilität; beide setzen mindestens intervallskalierte Variablen voraus. Die Varianz ist definiert als Durchschnitt (arithmetisches Mittel) der quadrierten Abweichungen der einzelnen Werte x_i vom arithmetischen Mittel m aller Werte. Die Quadrierung hat zwei Folgen: Weil Quadratzahlen sehr schnell wachsen, fallen größere Abweichungen stärker ins Gewicht. Darüber hinaus ist die Maßeinheit der Varianz nicht mehr identisch mit der Maßeinheit der Messwerte. Die Maßeinheit der Varianz entspricht dem Quadrat der Maßeinheit der Messwerte. Aus diesem zweiten Grund wird häufig die Wurzel aus der Varianz als Variabilitätsmaß genommen (die so genannte *Standardabweichung*); sie hat dieselbe Maßeinheit wie die ursprünglichen Messwerte.

Standardabweichung

$$\sqrt{\frac{\sum\limits_{i=1}^{n} (x_i - m)^2}{n}}$$

> Im Lehrmethodenvergleich beträgt die Varianz für die Zahl richtig gelöster Behaltensaufgaben $s^2 = 42,3 / 30 = 1,41$; für die Transferaufgaben beträgt sie $s^2 = 102,7 / 30 = 3,42$. Vergleicht man diese Werte mit den mittleren Abweichungen oben, sieht man deutlich, wie stark die Quadrierung zu Buche schlägt: Während die durchschnittliche Abweichung von 1,01 auf 1,5 nur um rund das 1,5fache ansteigt, steigt die Varianz von 1,41 auf 3,42 um das 2,4fache an. Die Standardabweichungen fallen dann wieder geringer aus. Sie betragen $s = 1,19$ bei den Behaltensaufgaben und $s = 1,85$ bei den Transferaufgaben.

Vergleichbarkeit herstellen

Messwerte aus zwei verschiedenen Merkmalsverteilungen sind nicht so ohne weiteres vergleichbar, da sich die Erhebungsbedingungen ungewollt unterschieden haben können. Ist die Note 2,3 in der Biologie-Klausur genausoviel "wert" wie die 2,3 in der Mathematik? Natürlich kann man Biologie und Mathematik inhaltlich nicht vergleichen. Vielleicht aber fiel die Mathematik-Klausur in der ganzen Klasse viel schlechter aus als die Biologie-Klausur, sodass die 2,3 in der Mathematik das bessere Ergebnis darstellt. Wie lässt sich diese Art von Vergleichbarkeit herstellen?

Vergleichbarkeit lässt sich herstellen, indem man die einzelnen Werte an der Verteilung aller Werte relativiert – eine Idee, die auch der Auswertung klassisch konstruierter Tests zugrunde liegt (siehe Seite 52). Dies wird durch die so genannte *z-Transformation* erreicht. Dabei wird für jeden Wert x_i einer Verteilung die Differenz zum arithmetischen Mittel m gebildet und diese an der Standardabweichung s relativiert. Dadurch wird die Verteilung normiert. Die resultierende z-transformierte Verteilung hat immer einen Mittelwert von $m = 0$ und eine Standardabweichung von $s = 1$.

**z-Trans-
formation**

$$z_i = \frac{x_i - m}{s}$$

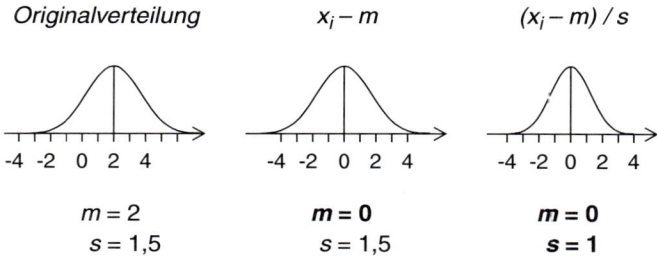

Originalverteilung	$x_i - m$	$(x_i - m) / s$
-4 -2 0 2 4	-4 -2 0 2 4	-4 -2 0 2 4
$m = 2$	$m = 0$	$m = 0$
$s = 1,5$	$s = 1,5$	$s = 1$

Beim Lehrmethodenvergleich könnte eine Frage lauten: Ist eine Person mit 8 richtig gelösten Behaltensaufgaben vergleichbar gut wie eine Person mit 8 richtigen Transferaufgaben – sofern man die unterschiedliche Schwierigkeit der Aufgaben in Rechnung stellt? Die nachfolgende Tabelle zeigt die z-transformierten Werte für die einzelnen Anzahlen richtiger Aufgaben von 0 bis 10. Die Unterschiedliche Schwierigkeit der Aufgaben drückt sich in den unterschiedlichen Mittelwerten und Standardabweichungen aus.

Was bedeutet das Ergebnis im Hinblick auf die obige Fragestellung? Eine Person mit 8 richtigen Behaltensaufgaben erhält einen z-Wert von –0,25 und liegt damit knapp unter dem Durchschnitt der Verteilung, eine Person mit 8 richtigen Transferaufgaben erhält einen z-Wert von +1,68 und liegt weit über dem Durchschnitt der Verteilung. Acht richtig gelöste Transferaufgaben spiegeln also eine bessere Leistung wider als acht richtige Behaltensaufgaben – wie es auch der unterschiedlichen Schwierigkeit entspricht.

Durch die Berücksichtigung des Mittelwertes und der Streuung einer Verteilung werden also einzelne Werte vergleichbar.

Zahl richtig gelöster Aufgaben (x)	Behaltens- aufgaben $m = 8{,}3$; $s = 1{,}19$	Transfer- aufgaben $m = 4{,}9$; $s = 1{,}85$
0	−6,97	−2,65
1	−6,13	−2,11
2	−5,29	−1,57
3	−4,45	−1,03
4	−3,61	−0,49
5	−2,77	+0,05
6	−1,93	+0,59
7	−1,09	+1,14
8	−0,25	+1,68
9	+0,59	+2,22
10	+1,43	+2,76

z-Werte für die Zahl gelöster Aufgaben

Maße des Zusammenhangs

Manchmal interessiert nicht nur die Verteilung der Messwerte einer einzelnen Variablen, sondern man möchte wissen, ob und wie stark die Messwerte zweier oder mehrerer Variablen *miteinander zusammenhängen*. Zum Beispiel könnte man sich beim Lehrmethodenvergleich fragen, ob die Lösung der Behaltensaufgaben mit der Lösung der Transferaufgaben positiv zusammenhängt. Konkret würde das bedeuten, dass eine Person, die bei den Behaltensaufgaben gut abschnitt, auch bei den Transferaufgaben gut abschnitt, und eine Person, die bei den Behaltensaufgaben schlecht abschnitt, auch bei den Transferaufgaben schlecht abschnitt. Wie kann man diesen Zusammenhang bestimmen?

Korrelation und Regression

Zusammenhänge zwischen zwei Variablen (*bivariate* Zusammenhänge) werden durch *Korrelationsrechnung* bestimmt, Zusammenhänge zwischen mehr als zwei Variablen (*multivariate* Zusammenhänge) durch *Regressionsrechnung*. Im Folgenden wird nur die Korrelationsrechnung behandelt, und auch diese nur in zwei von mehreren Varianten. Je nach Skalenniveau der Variablen kommt ein anderes Berechnungsverfahren zur Anwendung. Die nachfolgende Tabelle gibt einen Überblick über verschiedene Korrelationskoeffizienten. Vorgestellt werden hiervon zwei sehr

Variable A	Variable B		
	Intervallskala	Ordinalskala	Nominalskala (2-stufig)
Intervallskala	Produkt-Moment-Korrelation	Rang-korrelation	Punktbiserale Korrelation
Ordinalskala		Rang-korrelation	Biserale Korrelation
Nominalskala (2-stufig)			Phi-Koeffizient

Verschiedene Korrelations-koeffizienten

gebräuchliche Verfahren, der ϕ-Koeffizient (Phi-Koeffizient) für zwei dichotome (2-stufige) Variablen sowie die Produkt-Moment-Korrelation für zwei intervallskalierte Variablen.

Stellen Sie sich vor, den Kursleitern der drei Weiterbildungsveranstaltungen sei aufgefallen, dass vor allem die *weiblichen* Teilnehmer Brillen tragen. Zum Spaß haben sie ausgezählt, wieviele der jeweils 15 Männer und 15 Frauen Brillenträger sind. Hier das Ergebnis der Zählung:

Zwei 2-stufige Variablen

	männlich	weiblich	Summe
Brille	6 (a)	11 (b)	17 (A)
Keine Brille	9 (c)	4 (d)	13 (B)
Summe	15 (C)	15 (D)	30 (N)

Ein Zusammenhang zwischen zwei dichotomen Variablen liegt dann vor, wenn von den vier zentralen Feldern die Felder einer Diagonale erhöhte Werte aufweisen im Vergleich zu den Feldern der anderen Diagonale. Von den Männern haben drei Fünftel (9) keine Brille, aber fast vier Fünftel (11) der Frauen haben eine Brille (Diagonale b + c = 20, zum Vergleich: Diagonale a + d = 10). Spricht dieser Unterschied für einen Zusammenhang zwischen Fehlsichtigkeit und Geschlecht? Gibt es also eine Korrelation zwischen beiden Variablen?

Der Phi-Koeffizient

$$\frac{(a \cdot d) - (b \cdot c)}{\sqrt{A \cdot B \cdot C \cdot D}}$$

Diese Frage kann anhand des Phi-Koeffizienten (ϕ) beantwortet werden. Er wird nach der nebenstehenden Formel berechnet. Sein Wertebereich reicht von –1 bis +1, allerdings nur dann, wenn jeweils die Randsummen A und B beziehungsweise C und D gleich groß sind. Andernfalls ist der Wertebereich eingeschränkt, was durch eine entsprechende Korrekturformel ausgeglichen werden kann. Ein Wert von 0 bedeutet, dass keine Korrelation zwischen beiden Variablen besteht; Werte größer oder kleiner 0 sprechen für einen mehr oder weniger starken Zusammenhang. In sozialwissenschaftlichen Untersuchungen gelten typischerweise Korrelationen von 0,1 als gering, Korrelationen von 0,3 als moderat und solche ab 0,5 als groß (Cohen, 1988).

Für das Beispiel der Fehlsichtigkeit ergibt sich ein Wert von Phi = –0,33. Es liegt also ein moderater Zusammenhang vor. Da die Kategorien von nominalskalierten Variablen keine Ordnung aufweisen, kann man allerdings, trotz des negativen Vorzeichens, nicht von einem negativen Zusammenhang sprechen. Durch einfaches Vertauschen der Kategorien bei einer der Variablen in der Tabelle kehrt sich das Vorzeichen gerade um.

Zwei intervallskalierte Variablen

Von der Frage nach der Fehlsichtigkeit wieder zurück zur ersten Frage, ob die Lösung der Behaltensaufgabe mit der Lösung der Transferaufgabe korreliert. Da die Anzahl richtiger Lösungen eine Verhältnisskala bilden – es gibt einen absoluten Nullpunkt: keine Aufgabe wurde gelöst – ist zur Klärung dieser Frage die so genannte Produkt-Moment-Korrelation zu berechnen. Wie lässt sich der Zusammenhang, das "miteinander Variieren" zweier Variablen, numerisch quantifizieren? Das Vorgehen zur Bestimmung der Produkt-Moment-Korrelation ist folgendes:

Kovarianz

Zunächst wird bestimmt, wie die beiden Variablen *kovariieren*. Jede Person i hat einen Messwert auf zwei Variablen x und y – nämlich x_i und y_i – die mehr oder weniger stark vom Durchschnitt m_x und m_y aller Messwerte der jeweiligen Variablen abweichen. Die Stärke der Kovariation ergibt sich aus dem Produkt der Differenzen $(x_i - m_x) \cdot (y_i - m_y)$. Gehen für viele Personen überdurchschnittliche x-Werte mit überdurchschnittlichen y-Werten einher, ist das Produkt der Differenzen positiv; gehen unterdurchschnittliche x-Werte mit unterdurchschnittlichen y-Werten einher, ist das Produkt ebenfalls positiv – beides spricht also für eine *positive* Kovariation. Gehen dagegen überdurchschnittliche Werte einer Variablen mit unterdurchschnittlichen Werten der anderen einher, ist das Produkt negativ, was für eine *negative* Kovariation spricht.

Das Maß für die Kovarianz *cov* zwischen beiden Variablen ist das arithmetische Mittel aller *Produkte* der Differenzwerte für jede Person.

$$cov = \frac{\sum\limits_{i=1}^{n} (x_i - m_x) \cdot (y_i - m_y)}{n}$$

Die Kovarianz kann beliebig große Werte annehmen. Um eine Standardisierung zu erreichen, wird sie am Produkt der Standardabweichungen der Variablen $s_x \cdot s_y$ relativiert (Gleichung 1) – analog zur *z*-Transformation. Der resultierende Wert heißt *Produkt-Moment-Korrelation* und wird mit *r* symbolisiert.

Produkt-Moment-Korrelation

$$(1) \quad r = \frac{cov}{s_x \cdot s_y}$$

$$(2) \quad r = \frac{\sum\limits_{i=1}^{n} (x_i - m_x) \cdot (y_i - m_y)}{n \cdot s_x \cdot s_y}$$

Fügt man die Formel für die Kovarianz ein, so kann man durch Umformung der Gleichung zeigen, dass *r* dem arithmetischen Mittel aus den Produkten der *z*-standardisierten Werte aller Personen entspricht (Gleichung 4).

$$(3) \quad r = \frac{1}{n} \cdot \sum\limits_{i=1}^{n} \left(\frac{x_i - m_x}{s_x} \cdot \frac{y_i - m_y}{s_y} \right)$$

$$(4) \quad r = \frac{1}{n} \cdot \sum\limits_{i=1}^{n} (z_{xi} \cdot z_{yi})$$

Die Produkt-Moment-Korrelation beschreibt die Enge eines *linearen* Zusammenhangs zwischen zwei mindestens intervallskalierten Variablen. Aufgrund der Standardisierung liegen die Werte zwischen –1 und +1. Bei +1 liegt ein perfekt positiver Zusammenhang vor, bei 0 liegt kein Zusammenhang vor und bei –1 liegt ein perfekt negativer Zusammenhang vor. Der Zusammenhang ist umso größer, je weiter die Werte in Richtung einer der Diagonalen auseinander gezogen sind (jeder Punkt entspricht einem Messwertepaar):

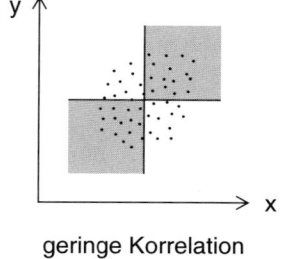

geringe Korrelation

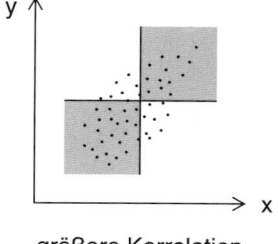

größere Korrelation

	Methode A		Methode N1		Methode N2	
	Behalten	Transfer	Behalten	Transfer	Behalten	Transfer
Korrelationen zwischen Behaltens- und Transfer- aufgaben	10	5	10	5	10	9
	10	4	10	4	10	8
	9	5	9	5	9	8
	9	5	8	4	9	7
	9	4	8	4	9	7
	8	4	8	3	8	6
	8	4	8	3	8	6
	8	4	7	4	7	7
	7	3	7	3	7	6
	7	1	6	2	6	7
	$r = 0{,}73$		$r = 0{,}76$		$r = 0{,}64$	

Wie sieht es nun mit der Frage nach einem Zusammenhang zwischen den Ergebnissen in den Behaltensaufgaben und Transferaufgaben aus? Gibt es eine Korrelation zwischen beiden Arten von Aufgaben? Wenn ja, in welche Richtung geht der Zusammenhang?

In der Tabelle oben sehen Sie die Anzahlen richtig gelöster Behaltens- und Transferaufgaben jeder Person einander gegenübergestellt. Zur besseren Übersichtlichkeit wurden die Werte absteigend sortiert, beginnend mit der Person, die die meisten Behaltensaufgaben richtig gelöst hat. Ein Vergleich der Werte legt einen *positiven* Zusammenhang nahe: Personen in der oberen Tabellenhälfte mit vielen gelösten Behaltensaufgaben haben meist mehr Transferaufgaben gelöst als Personen in der unteren Hälfte der Tabelle. Dies spiegelt sich auch in den Produkt-Moment-Korrelationen wider, die in der letzten Zeile angegeben sind. In allen drei Gruppen ergibt sich eine positive Korrelation zwischen Behaltens- und Testaufgaben. Mit Werten zwischen 0,64 und 0,76 ist dieser Zusammenhang sogar sehr hoch.

Korrelationen dürfen *nicht* als kausale Beziehungen verstanden werden, sie liefern bestenfalls Hinweise darauf. Da eine Korrelation symmetrisch ist, bleibt offen, welche Variable Ursache und welche Wirkung ist, und man weiß auch nicht, ob der Zusammenhang direkt oder über andere Variablen zustande kommt. Dies muss mit anderen Methoden bestimmt werden. Das Thema Korrelation wird in Kapitel 6 nochmals aufgegriffen. Dort wird auch erklärt, wie man bestimmt, ob eine Korrelation statistisch bedeutsam ist.

3.3 Suggestive Datenpräsentation

Deskriptive Statistiken begegnen uns tagtäglich und in vielfältiger Form in den Medien, aber trotz präziser Angaben tragen sie nicht immer zur Erhellung der dargestellten Sachverhalte bei. Sie sollen helfen, Daten verständlich, übersichtlich und leicht erfassbar aufzubereiten, aber manchmal haben sie auch – absichtlich oder unabsichtlich – eine eher suggestive oder verschleiernde Wirkung.

Einige typische Fehlerquellen werden in diesem Abschnitt anhand von Beispielen vorgestellt. Für besonders interessierte Leser empfiehlt sich die Lektüre von *So lügt man mit Statistik* (Krämer, 1997) oder auch *Der Hund, der Eier legt – Erkennen von Fehlinformation durch Querdenken* (Beck-Bornholdt & Dubben, 1997), aus denen manche der folgenden Beispiele entnommen sind. Dort werden noch weitere "Fehler und Fallen der Statistik" beschrieben und mit Beispielen aus dem Alltag und der Forschungspraxis illustriert.

Präzise Ergebnisse aus unpräzisen Daten

Die Genauigkeit von Messergebnissen (Zahlen) legt nahe, dass auch die Messungen selbst mit entsprechender Genauigkeit vorgenommen wurden. Hinzu kommt ein Vertrauensvorschuss für "krumme" Zahlen mit vielen Nachkommastellen im Vergleich zu glatten Zahlen. Häufig entstehen derart "genaue" Werte aber allein durch mathematische Berechnungen wie der Durchschnittsbildung auf der Grundlage viel ungenauerer oder sogar bloß geschätzter Werte.

Beispiele

In einer Studie wird gesagt: "Das Durchschnittsalter der Schüler betrug 16,2917 Jahre". Umgerechnet wären das 16 Jahre, 106 Tage, 11,29 Stunden. Woher wissen die Autoren der Studie das so genau? Vermutlich hatten die Schüler wie üblich nur volle Jahre angegeben. Da Schüler, die als Alter "17 Jahre" angeben, aber meist einige Wochen oder Monate älter als 17 sind, unterschätzt das berechnete Durchschnittsalter das tatsächliche Durchschnittsalter sogar.

Und noch ein zweites Beispiel: Im Jahre 1909 erreichte der Amerikaner Robert E. Peary (1856-1920) mit seiner Begleitmannschaft als erster den Nordpol. Er gab die erreichte Position mit 89 Grad, 57 Minuten und 11 Sekunden nördlicher Breite an, was rund 5 Kilometer vom Pol entfernt ist. Mit heutigen GPS-Navigationssystemen kann man Positionen auf der Erde mit einem Messfehler von wenigen Metern bestimmen. Mit den damaligen technischen

Möglichkeiten allerdings war es unmöglich, eine Position auf 11 Bogensekunden oder 30 Meter genau zu bestimmen, bestenfalls auf 10 Bogenminuten oder 10 Kilometer genau.

Anteile ohne Anzahlen sind unbrauchbar

Beispiele

Die Angaben von relativen Häufigkeiten ("Prozentwerte") kann sinnvoll sein, da dabei Zahlen aus unterschiedlich großen Grundgesamtheiten auf dieselbe Basis (100) bezogen und dadurch vergleichbar gemacht werden. Werden allerdings allein Prozentwerte angegeben, so fehlen wichtige Informationen, nämlich gerade die der absoluten Werte. Wenn die Gesamtzahl nicht genannt wird, verschleiern Vergleiche mit Prozentwerten mögliche Unterschiede!

Eine Scherzaufgabe mag dies illustrieren (Beck-Bornholdt & Dubben, 1997): Stellen Sie sich vor, in einem Raum liegen 7 Würste und 3 Eier auf dem Tisch. Der Anteil der Eier beträgt also 30%. Dann kommt ein Hund in den Raum und verlässt ihn nach kurzer Zeit wieder leise. Anschließend beträgt der Anteil der Eier 60%. Können Hunde Eier legen? – Wenn man die Anteile vergleicht, wird dieser Schluss nahegelegt; es hat ja ein *Zuwachs* stattgefunden. Was aber hat der Hund wirklich angestellt? Er hat 5 Würste gefressen. Übrig sind also nur noch 2 Würste und 3 Eier. Die Kenntnis der absoluten Zahlen ist eben entscheidend für die Interpretation von Anteilen.

Sie lesen die Schlagzeile: "Nutzfische von 10 auf 90% gestiegen – Kläranlage zeigt Wirkung!" Dazu wird folgende Grafik gezeigt:

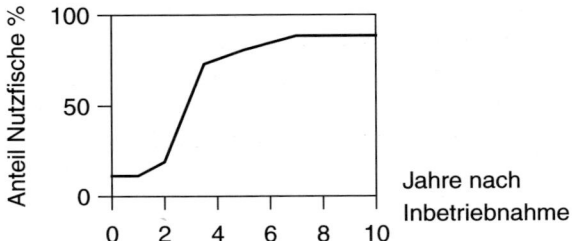

Kann Sie die Grafik überzeugen? Wohl kaum. Der Gesamtfischbestand und die absoluten Zahlen sind unbekannt! So könnte die Zahl der Nutzfische konstant geblieben sein, die Anzahl der anderen Fische aber drastisch abgenommen haben – dadurch steigt natürlich der *Anteil* der Nutzfische.

Unklare Verhältnisse in Piktogrammen

Piktogramme setzen numerische Werte visuell um. Sie können zum Beispiel helfen, Verhältnisse von Zahlen ohne den Umweg über Ziffern sichtbar zu machen – sie können aber auch für eher unklare Verhältnisse sorgen, wie die folgenden beiden Beispiele zeigen. Dabei überlagern falsche optische Informationen eigentlich korrekte Zahlen.

Stellen Sie sich vor, für einen Kurzurlaub in Hotel A müssten Sie 100 Euro bezahlen, für einen Kurzurlaub in Hotel B aber 200 Euro. Eigentlich sind das klare Verhältnisse. Nun betrachten Sie folgende Piktogramme, die zur Illustration angefertigt worden seien:

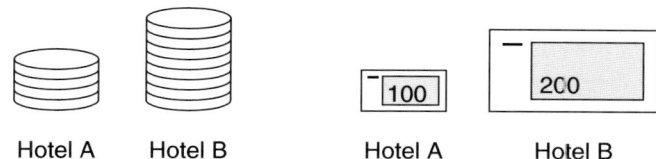

Welche Variante gibt die wahren Verhältnisse korrekt wieder? Die Abbildung mit den stilisierten Geldscheinen nennt zwar die korrekten Zahlen, die grafischen Elemente jedoch geben ein anderes Verhältnis wieder. Vom 100- zum 200-Euro-Schein erfolgt eine Verdoppelung auf *zwei* Dimensionen (Höhe und Breite), wobei sich die Fläche *vervierfacht*. Die linke Abbildung gibt das Zahlenverhältnis korrekt wieder. Von A nach B verdoppelt sich die Säule in *einer* Dimension, was dem Zahlenverhältnis entspricht.

Dasselbe Problem trifft für die folgende Illustration der Marktanteile verschiedener Autohersteller zu. Nur beim Kreisdiagramm entsprechen die Flächenanteile den wahren Zahlenverhältnissen, die Autos hingegen überzeichnen die Unterschiede:

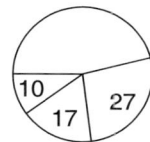

Vom Wachstum und von Wachstumsraten

Ein Gedankenexperiment

Bei der Quantifizierung von Wachstumsaussagen kommt es häufig zu einer Verwechslung zwischen dem absoluten *Wachstum*, der Wachstums*rate* und dem *Anstieg* der Wachstumsrate. Ein kleines Gedankenexperiment soll dies verdeutlichen.

Auf niedrigem Niveau ist auch mit einem kleinen absoluten Wachstum eine große Wachstumsrate zu erzielen. Verkauft ein Händler in einem Jahr 100 Kilo Äpfel und im nächsten 150 Kilo, so beträgt die Wachstumsrate stolze 50%. Ein Großhändler hingegen, der im ersten Jahr 10.000 Kilo verkauft und im zweiten 10.500 hat nur ein Wachstum von 5%, obwohl er in Kilogramm gemessen das zehnfache des Einzelhändlers zulegt. Verkauft er jedoch im dritten Jahr 11.235 Kilo Äpfel, so kann er stolz vermelden: *Verkaufsrekord: das Wachstum stieg um 40%.* Wie das? Wohl sind die Verkaufszahlen erneut gestiegen. Die Wachstumsrate vom zweiten zum dritten Jahr betrug aber nur 7%. Auf den Wert von 40% kommt man, wenn man die Wachstumsrate der Wachstumsrate betrachtet, nämlich den Zuwachs von 5% auf 7%. – Ganz analog: Liest man in der Presse, dass der Zuwachs der Inflationsrate verringert werden konnte, bedeutet das nicht, dass die Lebenshaltungskosten sinken, sondern nur, dass die Preise nicht mehr so schnell steigen.

Ein denkwürdiges Beispiel

Dass solche Verwechslungen im Alltag vorkommen, und zwar mit durchaus bedenklichen Konsequenzen, zeigt das folgende Experiment (Forrow et al. 1992, zitiert aus Beck-Bornholdt & Dubben, 1997, S. 130). Stellen Sie sich vor, Sie müssten entscheiden, welches von zwei Medikamenten A und B sie einsetzen würden. Zu beiden Medikamenten bekommen Sie eine kurze Information:

> Die Sterberate als Folge koronarer Herzerkrankungen konnte durch *Medikament A* von 2,0% auf 1,6% verringert werden. Die Reduktion um 0,4% war statistisch signifikant.

> Durch *Medikament B* konnte eine relative Verringerung der Sterberate als Folge koronarer Herzerkrankungen um 20% erreicht werden. Die Reduktion war statistisch signifikant.

Welches Medikament würden Sie bevorzugen? Denken Sie einen Moment darüber nach, bevor Sie weiterlesen. – Die erste Beschreibung nennt zwei Sterberaten, die zweite Beschreibung quantifiziert die Verringerung der Sterberate. Beide Beschreibungen sind identisch, aber: *Von 235 befragten Ärzten fiel 108 die Gleichwertigkeit der beiden Beschreibungen nicht auf! 97 davon gaben an, sie würden eher Medikament B verschreiben.*

Mittelwert ist nicht gleich Mittelwert

Mittelwerte fassen Daten zusammen, sagen aber nichts über die Variabilität der Werte aus. Mittelwerte ohne Angabe eines Variabilitätsmaßes – und ohne Angabe des Stichprobenumfangs – sind deshalb wenig aussagekräftig. Zudem sind die verschiedenen Maße der zentralen Tendenz unterschiedlich sensitiv für "Ausreißer". Man sagt, "Ausreißer ziehen das arithmetische Mittel an"; der Median hingegen ist weniger anfällig für Ausreißer.

Was erfahren Sie zum Beispiel über das Klima einer Stadt, wenn Sie hören, dass die mittlere Tagestemperatur übers Jahr gerechnet in Plymouth/England 13 °C beträgt und damit genauso hoch ist wie in Minneapolis/USA? Nicht allzu viel, wenn sie die Variationsbreite der Werte nicht kennen. Plymouth hat ein eher ausgeglichenes Meeresklima. Die Monatsmittelwerte liegen durchweg zwischen +8 und +21 °C. Minneapolis hingegen hat ein extremeres Klima. Die Monatsmittelwerte schwanken zwischen −15 °C im Winter und über +30 °C im Sommer.

In Diskussionen prallen mitunter gegensätzliche Aussagen aufeinander, die beide mit konkreten Zahlen belegt werden. Der Vertreter einer Krankenversicherung mag sagen: "Ein Laborarzt verdient nach Abzug der Kosten durchschnittlich 250.000 Euro im Jahr", der Vertreter der Ärztekammer meint, "Nein, nur 100.000 Euro!" – Was sich nach einem Widerspruch anhört, muss keiner sein. Je nachdem wie der "Durchschnitt" bestimmt wird, erhält man eine andere Zahl. Nur bei einer symmetrischen Verteilung entspricht das arithmetische Mittel m dem Median Md. Bei einer asymmetrischen, linkssteilen Verteilung, wie sie für die Einkommen anzunehmen ist – es gibt weniger Ärzte mit ganz hohen Einkommen – liefert der Median einen kleineren Wert (siehe Seite 68).

Unzulässige Gruppierung von Daten

In Ergebnisberichten werden manchmal Daten verschiedener Gruppen zusammengefasst. Dies ist oft sinnvoll, weil es die Präsentation und Diskussion vereinfacht, aber nur zulässig, wenn dadurch keine relevanten Unterschiede zwischen den Gruppen verwischt werden.

Die Auswertung des Lehrmethodenvergleichs beispielsweise (siehe Seite 67) erbrachte bei den Behaltensaufgaben geringe Unterschiede zwischen den drei Unterrichtsmethoden. Die Mittelwerte der drei Gruppen lagen zwischen 8,1 und 8,5 – hier könnte man daran denken die Gruppen zusammenzufassen. Im Schnitt wurden über alle drei Gruppen 8,3 Behaltensaufgaben gelöst.

Bei den Transferaufgaben verhält es sich anders. Hier hatten zwei Gruppen ganz ähnliche Mittelwerte (3,7 und 3,9), die dritte Gruppe aber unterschied sich deutlich mit durchschnittlich 7,1 gelösten Aufgaben. Würde man die Ergebnisse über alle drei Gruppen zusammenfassen, wäre dieser Unterschied nicht mehr sichtbar. Bevor man also Daten gruppiert und damit Unterschiede quasi "ausmittelt", muss man die Bedeutsamkeit dieser Unterschiede prüfen. Wie man dies tun kann, wird in den Kapiteln 5 und 6 erklärt.

Unterschiede durch geschickte Achsenwahl

**Gruppen-
unterschiede**

Ergebnisse von Untersuchungen werden oft in Diagrammen dargestellt. Aus Platzgründen werden allerdings oft nur bestimmte Ausschnitte gezeigt. Dies ändert nichts an den Zahlenwerten, aber der visuelle Gesamteindruck kann dadurch ein ganz anderer werden. Effekte erscheinen je nachdem größer oder kleiner, als sie sind; Kurvenverläufe haben eine andere Gestalt.

Betrachten Sie die nachfolgenden Abbildungen. Dargestellt sind drei Linienzüge, welche vorher-nachher-Messungen in drei Gruppen repräsentieren:

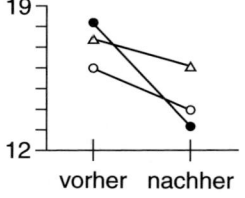

Abgeschnittene Ordinate

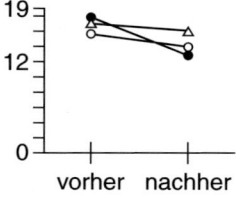

Korrekte Ordinate

Während die Unterschiede zwischen den drei Bedingungen in der linken Abbildung recht groß erscheinen, sehen sie bei korrekter Ordinate viel kleiner aus.

Bei der Darstellung von Kurvenverläufen lassen sich Eindrücke von Trends durch eine geschickte Wahl des Kurvenausschnitts erreichen, wie das folgende Beispiel zeigt. Während man die linke Grafik als *Erholung aus einer Talsole* umschreiben könnte, suggeriert der rechte Ausschnitt daraus ein klares *Wachstum*.

Kurven-verläufe

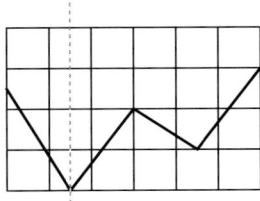 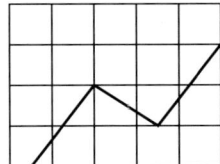

Literaturhinweise

Das Thema deskriptive Statistik behandelt jedes allgemeine Statistiklehrbuch (wie Bortz, 1999; Leonhart, 2004). Eine verständnisorientierte Einführung in die mathematischen Grundlagen mit vielen inhaltlichen Beispielen geben Wirtz und Nachtigall (2002). Tufte (2001) behandelt Prinzipien zur visuellen Darstellung quantitativer Information, illustriert mit vielen grafischen Beispielen. Schumann und Müller (2000) beschreiben grundlegende Techniken der Visualisierung für verschiedene Arten von Daten. Dabei gehen sie von zentralen Aspekten der visuellen Wahrnehmung aus. Litzcke, Ambrosy und Schuh (2001) schließlich geben praktische Hinweise für die Präsentation. Die bereits erwähnten Bücher von Krämer (1997) und Beck-Bornholdt und Dubben (1997, 2003) beschreiben interessant und gut lesbar eine Fülle von Fehlern und Fallen bei der Erstellung von Statistiken und der Interpretation der Ergebnisse.

Arbeitsanregungen

Aufgabe 3.1 In einer Abteilung wurde erhoben, wieviele Tassen Kaffee jeder Mitarbeiter pro Woche getrunken hat. Es haben sich die folgenden Werte ergeben: 4, 6, 5, 5, 4, 4, 7, 6, 3, 4, 4, 6, 5, 4, 4, 7, 5, 4, 7, 6, 5, 6, 4, 5. Bestimmen Sie für diese Daten den Modalwert, den Median, den *range* und die Stichprobengröße.

Aufgabe 3.2 In einer Klassenarbeit seien folgende Noten vergeben worden: 2,2; 3,2; 2,9; 3,9; 2,5; 1,9; 2,5; 3,5; 1,9; 2,2; 4,2; 1,5. Berechnen Sie die mittlere Abweichung AD und die Standardabweichung s. Karin hat in dieser Klassenarbeit die Note 1,9 bekommen, ihre ältere Schwester Cornelia bei einer früheren, ähnlichen Arbeit desselben Lehrers ebenfalls. Cornelias Klassenarbeit hatte einen Schnitt von $m = 2,9$ und eine Standardabweichung von $s = 1,2$. Sind die Noten der beiden Mädchen, bezogen auf ihre jeweilige Klasse, gleichwertig?

Aufgabe 3.3 Welche Probleme sehen Sie bei der folgenden Ergebnisdarstellung?

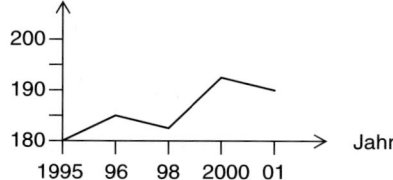

Aufgabe 3.4 Stellen Sie sich vor, Sie sollen als Vorstandsmitglied eines Unternehmens über die Entwicklung der Umsätze sprechen. Die Zahlen waren zwar positiv, blieben jedoch deutlich hinter der Entwicklung der Gesamtbranche zurück. Sie möchten nicht den Ruf eines Schlusslichts in der Branche riskieren. Lassen Sie sich deshalb eine Grafik mit einem überzeugenden Slogan einfallen, die Ihr Unternehmen positiv hervorhebt. Die Entwicklungszahlen der letzten 4 Quartale zeigt die folgende Tabelle:

	I	II	III	IV
Gesamtbranche	4,0%	4,4%	5,1%	5,5%
Ihr Unternehmen	2,4%	3,0%	3,8%	4,4%

Aufgabe 3.5 Stöbern Sie einmal aufmerksam in Tageszeitungen, in Zeitschriften wie *Der Spiegel* oder *Fokus* oder auf Internetseiten nach statistisch aufbereiteten Daten. Nehmen Sie Grafiken und Tabellen genau unter die Lupe. Welche Information, welches Bild wird vermittelt, und was geben die Daten tatsächlich her? Sie werden verblüfft sein, wieviele suggestive oder gar falsche Darstellungen Sie finden werden.

4. Repräsentativität und Genauigkeit von Stichproben

Meist ist es unmöglich, alle Untersuchungseinheiten einer interessierenden Population zu untersuchen, auch wenn letztendlich nur eine solche Vollerhebung ein exaktes Bild von der Verteilung eines Merkmals lieferte. Stattdessen muss man sich mit einer Stichprobe begnügen, das heißt mit einer kleinen Teilmenge der Population. Anhand der Merkmalsverteilung in der Stichprobe – zum Beispiel Mittelwert und Varianz – wird die Merkmalsverteilung der Population geschätzt. Weil dabei ein Induktionsschluss gezogen wird, der eine Verallgemeinerung von einer Teilmenge auf die Gesamtheit beinhaltet, spricht man auch von *schließender* oder *Inferenz*-Statistik, im Gegensatz zur *beschreibenden* oder *deskriptiven* Statistik.

Inferenz-statistik

Ein typisches Beispiel für diese Art von Untersuchung ist die im ersten Kapitel beschriebene Wahlumfrage. Anhand einer Stichprobe von zum Beispiel $N = 2.000$ Wahlberechtigten soll die Bekanntheit und Beliebtheit von Politikern sowie die Stimmverteilung auf die verschiedenen Parteien – wenn nächsten Sonntag Wahl wäre – möglichst genau geschätzt werden.

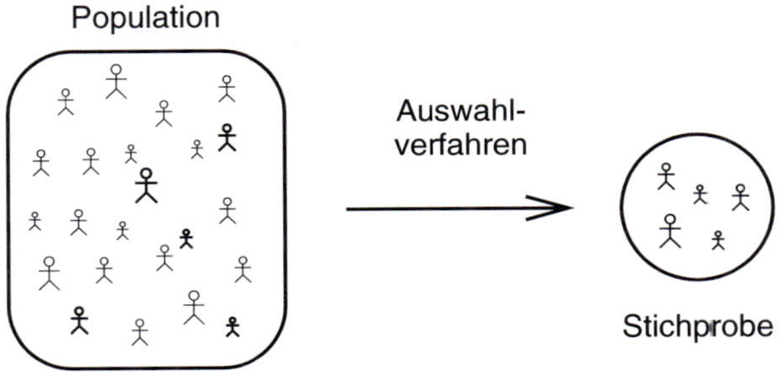

Population

Auswahl-verfahren

Stichprobe

Generell sind bei stichprobenbasierten Untersuchungen folgende Fragen zu klären:

- Ist die durch das Auswahlverfahren gewonnene Stichprobe *repräsentativ* für die Population? Was bedeutet Repräsentativität?

- Wie *genau* lassen sich die Verhältnisse in der Population durch die Stichprobe schätzen? Kann man diese Genauigkeit konkret bestimmen?

Die Eigenschaften verschiedener Auswahlverfahren und die Frage nach der Repräsentativität werden im ersten Teil dieses Kapitels erläutert, Überlegungen zur Genauigkeit von Stichprobenergebnissen im zweiten Teil.

4.1 Repräsentative Stichprobenauswahl

Wann ist eine Stichprobe repräsentativ für die untersuchte Population? Allgemein gesprochen bedeutet Repräsentativität, dass die Stichprobe die Population hinsichtlich der interessierenden Merkmale möglichst "gut" widerspiegelt. Was "gut" in diesem Zusammenhang meint, ist nicht leicht zu fassen.

Repräsentativität ≠ Stichprobengröße

Manchmal hört man "Die untersuchte Stichprobe ist so klein; das Ergebnis kann nicht repräsentativ sein!" Hier wird Repräsentativität mit der *Größe* der Stichprobe verwechselt. Diese spielt zwar eine wichtige Rolle, wie später noch deutlich werden wird, große Stichproben sind aber nicht automatisch repräsentativer als kleine.

Auswahlfehler

Nehmen Sie an, die mit der Wahlumfrage beauftragten Personen des Meinungsforschungsinstituts kämen alle aus der Mittel- oder Oberschicht der Bevölkerung. Wenn diese vor allem ihre Bekannten befragen würden, dann wäre damit zu rechnen, dass auch die befragten Personen eher aus der Mittel- oder Oberschicht kommen. Diese Stichprobe wäre nicht repräsentativ für alle Wahlberechtigten; sie wäre systematisch mit der Schichtzugehörigkeit konfundiert, unabhängig davon, wieviele Personen befragt werden.

Repräsentativität ≠ Genauigkeit

Manchmal wird gesagt "Das Ergebnis einer Untersuchung ist aussagekräftig und genau, weil die Stichprobe repräsentativ war!" Auch dies ist nicht unbedingt korrekt. Repräsentativität ist zwar notwendig, um überhaupt Angaben über die Genauigkeit von Stichprobenergebnissen machen zu können, aber nicht hinreichend. Wie also lässt sich Repräsentativität gewährleisten?

Repräsentativität durch Zufallsauswahl

Das Konzept der Repräsentativität wird über das Auswahlverfahren definiert. Eine Stichprobe ist dann repräsentativ, wenn das Auswahlverfahren keine Elemente der Population in Bezug auf die interessierenden Merkmale bevorzugt. Dies lässt sich durch *Zufallsauswahl* der Elemente einer Population in die Stichprobe erreichen. Nur die Zufallsstichprobe gewährleistet, dass alle Elemente die gleiche Chance haben, in die Stichprobe zu kommen, und keine systematischen Auswahlfehler gemacht werden. Dann und nur dann lassen sich Stichprobenergebnisse auf die Population generalisieren.

Es gibt mehrere Varianten von Zufallsstichproben; die wichtigsten werden im Folgenden beschrieben:

- die *einfache* Zufallsstichprobe,
- die *geschichtete* Zufallsstichprobe und
- die *Klumpen*stichprobe.

Einfache Zufallsstichprobe

Bei der einfachen Zufallsstichprobe hat jedes Element der Population die gleiche Wahrscheinlichkeit, in die Stichprobe aufgenommen zu werden. Eine solche Stichprobe garantiert *globale* Repräsentativität, das bedeutet, die Stichprobe ist repräsentativ hinsichtlich *aller* Merkmale der Population. Zudem lässt sich die Genauigkeit der Stichprobenwerte mathematisch berechnen.

Die einfache Zufallsstichprobe kann man durch Ziehen von Zufallszahlen oder durch Losen erreichen. Voraussetzung ist, dass jedes Element der Population für die Auswahl zugänglich ist – also ein Los im Ziehungstopf hat – und später auch an der Untersuchung teilnimmt. Dies ist in der Praxis oft nur schwer umzusetzen.

Bei der Wahlumfrage könnte man zwar auf die offiziellen Wählerverzeichnisse zurückgreifen, die alle wahlberechtigten Personen auflisten. Damit ließe sich immerhin sicherstellen, dass alle Wahlberechtigten dieselbe Chance hätten, in die Untersuchung aufgenommen zu werden. Manche Personen sind aber bei der Datenerhebung nicht erreichbar oder verweigern die Teilnahme. Bei systematischen Ausfällen ist die Repräsentativität gefährdet.

Geschichtete Stichprobe

Für eine geschichtete Stichprobe teilt man die Population nach einem für die Untersuchung relevanten Merkmal in Gruppen auf (Schichtung). Innerhalb dieser Gruppen wird dann jeweils eine Zufallsstichprobe gezogen, die von der Größe proportional zur Gruppengröße ist. Geschichtete Stichproben sind *spezifisch* repräsentativ, das bedeutet, sie sind repräsentativ im Hinblick auf das verwendete Schichtungsmerkmal. Im Vergleich zur einfachen

Zufallsstichprobe sind genauere Schätzungen der Populationswerte möglich, wenn das Schichtungsmerkmal tatsächlich relevant für die Verteilung der untersuchten Merkmale in der Population ist.

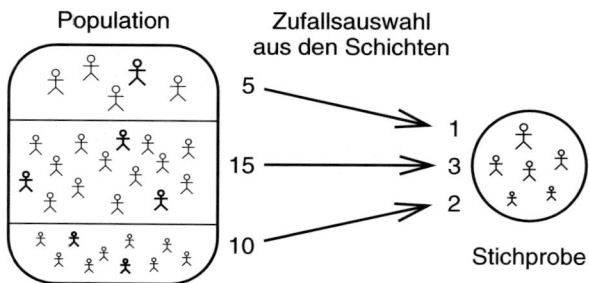

Wie bei der einfachen Zufallsstichprobe muss jedes Element der Population innerhalb einer Schicht für die Auswahl zugänglich sein und später an der Untersuchung teilnehmen. Weiterhin müssen die Schichtungsmerkmale messbar und in ihrer Verteilung bekannt sein.

Weiß man beispielsweise im Szenario der Wahlumfrage, dass sich verschiedene Altersgruppen im Hinblick auf die Beliebtheit von Politikern und das Wahlverhalten systematisch unterscheiden, so wird man das Alter der Personen zur Schichtung verwenden. Man erhebt Teilstichproben für Jungwähler, mittelalte und ältere Wähler proportional zur Größe der jeweiligen Wählergruppe. Die Gesamtstichprobe ist dann repräsentativ spezifisch für das Merkmal Alter.

Klumpen-stichprobe

Bei der Klumpenstichprobe wird eine Zufallsauswahl unter vorhandenen "Klumpen" vorgenommen, die dann jeweils vollständig untersucht werden. Unter einem "Klumpen" versteht man eine größere Einheit von Personen, zum Beispiel eine Schulklasse oder einen Betrieb. Es können auf diese Art zwar viele Personen ökonomisch untersucht werden, die Klumpenstichprobe ist aber nur *eingeschränkt* repräsentativ. Für den einzelnen Klumpen ist Repräsentativität nicht gewährleistet, weil man nicht weiß, nach welchen Kriterien die Gruppe zustande kam. Die Repräsentativität der gesamten Stichprobe mehrerer Klumpen hängt davon ab, wie gut die ausgewählten Klumpen die Population abdecken. Voraussetzung für diese Art der Stichprobenauswahl ist, dass alle möglichen Klumpen zugänglich sind und später auch tatsächlich an der Untersuchung teilnehmen.

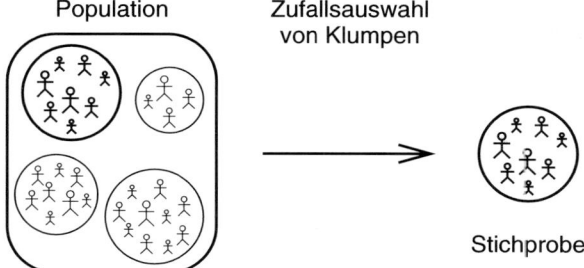

Häufig werden bei empirischen Erhebungen allerdings keine Zufallsstichproben gezogen, sondern stattdessen Personen schlicht nach Verfügbarkeit oder freiwilliger Teilnahme in die Untersuchung aufgenommen. Solche Ad-hoc-Stichproben sind an keine Voraussetzungen gebunden und deshalb sehr ökonomisch, aber sie sind *nicht repräsentativ*. Dies stellt die Generalisierbarkeit der Ergebnisse in Frage.   **Ad-hoc-Stichprobe**

4.2 Genauigkeit von Stichprobenwerten

Die entscheidenden Eigenschaften repräsentativer Stichproben sind, dass man die Ergebnisse auf die Population verallgemeinern kann und dass man mathematisch bestimmen kann, wie *genau* die Schätzungen anhand von Stichproben sind. Mit welcher Präzision beispielsweise ein Stichprobenmittelwert den entsprechenden Wert in der Population widerspiegelt, kann man auf zwei Arten angeben:

- indem man ein Maß für die Variabilität der Mittelwertsschätzungen bestimmt oder

- indem man ein Intervall berechnet, in welchem der Populationswert mit einer genau definierten Sicherheit liegt.

Bevor die Grundüberlegungen hierzu vorgestellt werden, zunächst noch eine Anmerkung zur Notation: Immer wenn im Folgenden auf *Populationskennwerte* Bezug genommen wird, werden *griechische* Buchstaben verwendet, zum Beispiel μ (sprich: mü) für das arithmetische Mittel und σ (sprich: sigma) für die Standardabweichung. Die   **Population: μ und σ Stichprobe: *m* und *s*** entsprechenden Werte der *Stichprobe* werden mit *lateinischen* Buchstaben bezeichnet, also *m* für das arithmetische Mittel und *s* für die Standardabweichung.

Die Variabilität von Stichprobenwerten

Ziel einer Stichprobenerhebung ist es, einen unbekannten Populationskennwert durch den entsprechenden Wert aus der Stichprobe zu schätzen. Stichprobenkennwerte sind immer Näherungen und entsprechen deshalb nicht genau den tatsächlichen Werten in der Population. Wenn man mehrere Stichproben untersucht, fallen die Werte mal zu hoch und mal zu niedrig aus. Die entscheidende Frage lautet also: Wie brauchbar ist ein einzelner Stichprobenkennwert als Schätzung für den Populationswert, oder anders gefragt: Mit welcher Genauigkeit gibt der Stichprobenwert den Populationswert wieder?

Stichproben-kennwert-verteilung

Die Genauigkeit lässt sich bestimmen, indem man analysiert, wie sich die Schätzungen aus verschiedenen Stichproben *verteilen*. Stellen Sie sich vor, man zieht aus ein und derselben Population unendlich viele Zufallsstichproben der Größe *n* und bestimmt für jede Stichprobe den interessierenden Kennwert *k*. Diese Kennwerte trägt man dann alle auf einer Achse ab. Dabei ergibt sich eine Häufigkeitsverteilung der einzelnen Kennwerte, die so genannte *Stichprobenkennwertverteilung*. Die Eigenschaften dieser Verteilung kennzeichnen die Güte der Stichprobenschätzung.

In der nachfolgenden Grafik sehen Sie diese Überlegung veranschaulicht. In der Population verteilt sich das betrachtete Merkmal um den Mittelwert μ. Dieser Mittelwert ist jedoch unbekannt und soll geschätzt werden. Dazu werden vier Stichproben gezogen. Die einzelnen Stichprobenwerte streuen um einen Mittelwert *m*. Die Mittelwerte wiederum variieren leicht von Stichprobe zu Stichprobe. Ganz rechts in der Abbildung ist die Verteilung aller Stichprobenmittelwerte dargestellt. Welche Eigenschaften hat diese Verteilung? Ihre Eigenschaften werden im Folgenden zunächst an einem konkreten Beispiel illustriert, das auf einer Idee von Bortz (1999) aufbaut.

Beispiel-szenario

Stellen Sie sich vor, in einem großen Behälter befänden sich eine Million Spielzeugfiguren. Die Figuren sind unterschiedlich groß. Es gibt sie mit einem, zwei, drei, vier, fünf und sechs Zentimeter Länge. Für die Verpackung einer Figurenmischung in kleine Schachteln benötigen Sie die durchschnittliche Länge. Was könnten

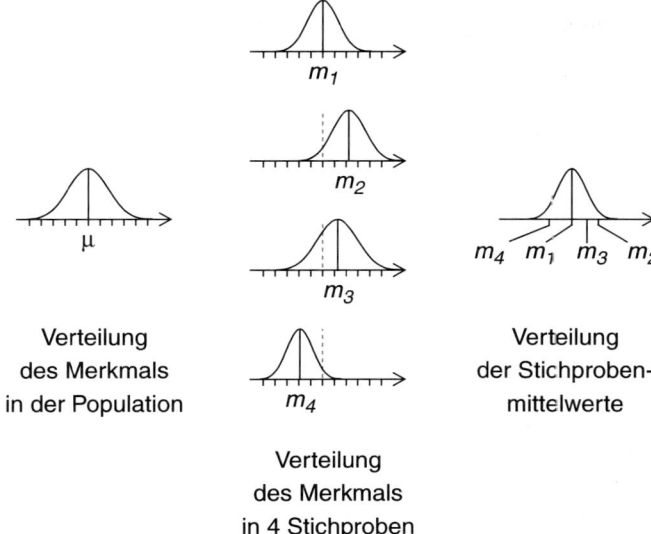

Verteilung
des Merkmals
in der Population

Verteilung
des Merkmals
in 4 Stichproben

Verteilung
der Stichproben-
mittelwerte

Sie tun, um diese herauszufinden? Sie könnten eine Stichprobe an Figuren ziehen, deren mittlere Länge bestimmen und als Schätzung für die mittlere Figurlänge im Behälter nehmen. Wie präzise ist ihre Schätzung? Hierüber gibt die Verteilung aller möglichen Stichprobenmittelwerte Auskunft.

Normalerweise kennt man die wahren Werte in einer Population nicht, deshalb muss man sie ja durch Stichproben schätzen. Zur weiteren Illustration sei aber angenommen, dass die durchschnittliche Figurlänge bekannt sei. Von jeder Größe seien genau gleich viele Figuren in dem Behälter. Damit beträgt die durchschnittliche Figurlänge in dieser Population $\mu = 3{,}5$. Diesen Wert gilt es mittels Stichproben möglichst genau zu schätzen.

Sie ziehen zunächst kleine Stichproben mit je *zwei* Figuren. Für jede Stichprobe bestimmen Sie den Mittelwert der Länge. Die ersten beiden Figuren haben die Länge 1 und 4; die mittlere Länge ist $m = 2{,}5$. Die nächsten beiden Figuren haben die Länge 3 und 5; die mittlere Länge ist $m = 4{,}0$, und so weiter. Insgesamt gibt es bei Zweier-Stichproben dieser Art 36 Kombinationen von Figuren unterschiedlicher Länge. Eine durchschnittliche Länge von 1 erhält man, wenn sowohl die erste Figur in der Stichprobe als auch die zweite die Länge 1 haben [1, 1]. Weil es nur eine solche Kombination gibt und es in dieser Population jeweils gleich viele Figuren der

(1) Kleine Stichprobe

verschiedenen Längen gibt, tritt diese Kombination mit einer Wahrscheinlichkeit $p = 1/36$ (oder 2,8%) auf. Eine durchschnittliche Länge von 1,5 erhält man bei den Stichproben [1, 2] und [2, 1]. Die Wahrscheinlichkeit beträgt $p = 2/36$ (5,6%). Insgesamt ergibt sich die folgende Verteilung aller möglichen Stichprobenmittelwerte:

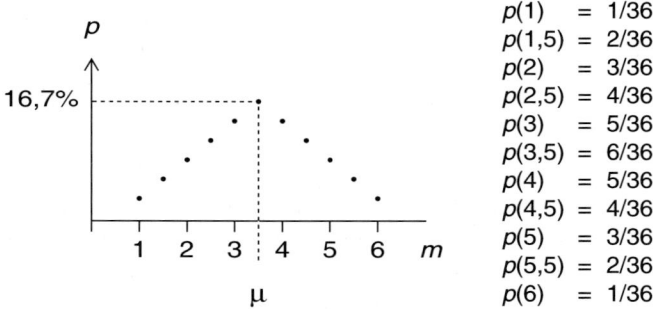

$p(1)$	$= 1/36$
$p(1,5)$	$= 2/36$
$p(2)$	$= 3/36$
$p(2,5)$	$= 4/36$
$p(3)$	$= 5/36$
$p(3,5)$	$= 6/36$
$p(4)$	$= 5/36$
$p(4,5)$	$= 4/36$
$p(5)$	$= 3/36$
$p(5,5)$	$= 2/36$
$p(6)$	$= 1/36$

Wie man sieht, verteilen sich die Stichprobenmittelwerte m symmetrisch um den Populationswert $\mu = 3,5$. Im Durchschnitt über alle Zweier-Stichproben würde man genau diesen Wert schätzen. Zudem tritt er mit der größten Wahrscheinlichkeit auf ($p = 1/6$; 16,7%). Extreme Schätzungen zwischen 1 und 2 beziehungsweise zwischen 5 und 6 treten ebenfalls mit einer Wahrscheinlichkeit von jeweils 16,7% auf. Insgesamt haben 44,4% aller Stichproben eine mittlere Länge zwischen 3 und 4.

(2) Größere Stichprobe

Was würde passieren, wenn Sie die Stichprobe vergrößern, und jeweils *drei* statt nur zwei Figuren ziehen? Insgesamt gibt es dann $6 \cdot 6 \cdot 6 = 216$ Kombinationen von Figuren unterschiedlicher Länge. Eine durchschnittliche Länge von 1 würde man in einer Stichprobe erhalten, in der alle Figuren die Länge 1 haben [1, 1, 1]. Diese Kombination tritt nur mit einer Wahrscheinlichkeit $p = 1/216$ (0,5%) auf. Eine durchschnittliche Länge von 1,3 erhält man bei den Stichproben [1, 1, 2], [1, 2, 1] und [2, 1, 1]. Die Wahrscheinlichkeit beträgt $p = 3/216$ (1,4%). Insgesamt ergibt sich die nachfolgend abgebildete Verteilung möglicher Stichprobenmittelwerte.

Wieder verteilen sich die Stichprobenmittelwerte m symmetrisch um den Populationswert $\mu = 3,5$. Die Wahrscheinlichkeiten für die Extremwerte der Verteilung haben deutlich abgenommen. Zwischen 1 und 2 beziehungsweise zwischen 5 und 6 liegen nur noch jeweils 9,3% der Mittelwerte. Die Wahrscheinlichkeit für mittlere Schätzungen bleibt dagegen hoch. Nun haben bereits 48,1% aller

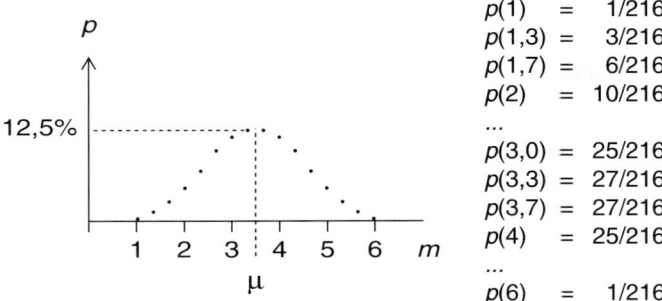

$p(1)$ = 1/216
$p(1,3)$ = 3/216
$p(1,7)$ = 6/216
$p(2)$ = 10/216
...
$p(3,0)$ = 25/216
$p(3,3)$ = 27/216
$p(3,7)$ = 27/216
$p(4)$ = 25/216
...
$p(6)$ = 1/216

Stichproben eine mittlere Länge zwischen 3 und 4; bei der ersten Kennwertverteilung waren es 44,4% gewesen. Die Streuung der Mittelwerte sinkt. Das heißt, dass die Schätzung der durchschnittlichen Figurenlänge anhand von Dreier-Stichproben präziser ist als die anhand von Zweier-Stichproben.

Die Streuung der Kennwertverteilung wird deshalb als Maß genommen, wie gut ein einzelner Stichprobenwert den unbekannten Populationskennwert schätzt. Ist die Streuung klein, dann ist die Wahrscheinlichkeit, dass der gemessene Wert einer Zufallsstichprobe den Populationswert richtig schätzt, entsprechend groß. Meist wird als Streuung der Kennwertverteilung die Standardabweichung verwendet; sie wird hier als *Standardfehler* bezeichnet.

Standardfehler

Für die Mittelwerte aus Zufallsstichproben des Umfangs n einer Population gilt das zentrale Grenzwerttheorem. Es besagt, dass die Verteilung aller Stichprobenmittelwerte mit zunehmendem Stichprobenumfang in eine *Normalverteilung* mit Mittelwert μ übergeht. Der Durchschnitt über alle Stichproben schätzt also gerade den gesuchten Populationsmittelwert. Für beliebige Verteilungen des Merkmals in der Population ist die Verteilung der Stichprobenmittelwerte bereits bei Stichproben vom Umfang $n > 30$ annähernd normalverteilt. Die Eigenschaften der Normalverteilung sind bekannt: sie ist glockenförmig, symmetrisch und hat eine definierte Streuung. Damit lässt sich der Standardfehler berechnen.

Zentrales Grenzwerttheorem

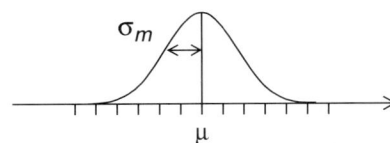

**Standard-
fehler des
Mittelwertes**

$$\sigma_m = \sqrt{\frac{\sigma^2}{n}}$$

$$\hat{\sigma}_m = \sqrt{\frac{s^2}{n-1}}$$

**Stichproben-
größe und
Genauigkeit**

Der Standardfehler des Mittelwertes σ_m lässt sich nach der nebenstehenden Formel aus der Varianz des Merkmals in der Population σ^2 und der Stichprobengröße n berechnen. Da die Populationsvarianz normalerweise unbekannt ist, muss sie durch die Stichprobenvarianz s^2 geschätzt werden. Die durchschnittliche Stichprobenvarianz unterschätzt die Populationsvarianz aber um den Faktor $(n-1)/n$. Die Varianzschätzung ist also entsprechend zu korrigieren: $\sigma^2 = s^2 \cdot n/(n-1)$. Nach Einsetzen und Kürzen erhält man den geschätzten Standardfehler $\hat{\sigma}_m$ (Sigma-Dach-m).

Der Formel kann man entnehmen, dass der Standardfehler umso *kleiner* wird, je *kleiner* die Varianz s^2 des untersuchten Merkmals ist beziehungsweise je *größer* der Stichprobenumfang n wird. Das bedeutet: Je homogener das Merkmal und je größer die Stichprobe ist, desto präziser ist die Schätzung des Mittelwerts. Die Größe einer Stichprobe bestimmt also nicht deren Repräsentativität, wohl aber die Genauigkeit der Schätzung des Populationskennwertes.

Entsprechende Standardfehler lassen sich auch für viele andere statistische Kennwerte berechnen, zum Beispiel für die Stichprobenvarianz oder relative Häufigkeiten (Prozentwerte).

Gütekriterien für Kennwertschätzungen

Die Schätzung eines Populationskennwerts sollte vier Gütekriterien genügen (Bortz, 1999): Der Stichprobenkennwert soll den Populationswert

- *erwartungstreu,*
- *konsistent,*
- *effizient* und
- *suffizient* schätzen.

**Erwartungs-
treue**

Von einer *erwartungstreuen* Schätzung eines Populationskennwerts K (Kappa) durch den Stichprobenkennwert k spricht man, wenn das arithmetische Mittel der Stichprobenkennwerteverteilung gleich dem Populationswert K ist. In unserem Figurenbeispiel war das der Fall. Für den Populationsmittelwert μ ist das arithmetische Mittel m eine erwartungstreue Schätzung (nach dem zentralen Grenzwerttheorem). Der Median *Md* beispielsweise ist nur dann erwartungstreu, wenn das Merkmal in der Population symmetrisch um den Median verteilt ist (es gilt dann $Md = m$; vergleiche Abbildung Seite 68). Die Stichprobenvarianz s^2 ist *keine* erwartungstreue Schätzung der

Populationsvarianz σ^2. Diese wird, wie oben erwähnt, um den Faktor $(n-1)/n$ unterschätzt. Eine erwartungstreue Schätzung erhält man erst durch eine Korrektur um diesen Faktor.

Eine Schätzung ist *konsistent*, wenn sich der Stichprobenkennwert k mit wachsendem Stichprobenumfang dem Populationswert K nähert. Sowohl das arithmetische Mittel m als auch die Stichprobenvarianz s^2 sind konsistente Schätzungen des jeweiligen Populationswertes. Für das arithmetische Mittel kann man diese Eigenschaft direkt aus der Berechnungsformel für den Standardfehler ablesen.

Konsistenz

Das Gütekriterium der *Effizienz* ist kein absolutes Kriterium. Es wird definiert über den Vergleich unterschiedlicher Schätzmethoden. Ein Stichprobenkennwert k schätzt einen Populationswert effizienter als eine andere Schätzmethode, wenn die Streuung seiner Kennwertverteilung (der Standardfehler) kleiner ist als die der anderen Methode. So ist das arithmetische Mittel m als Schätzung für die "Mitte" einer Verteilung effizienter als der Median, weil die Varianz der Verteilung der Mittelwerte um den Faktor 0,641 kleiner ist als die der Medianverteilung.

Effizienz

Suffizienz schließlich meint, dass ein Schätzwert jede in den Daten enthaltene Information erschöpfend (suffizient) berücksichtigt. Soll zum Beispiel ein Mittelwert für intervallskalierte Daten bestimmt werden, so liefert das arithmetische Mittel m eine suffiziente Schätzung, weil es die Intervalle zwischen den Messwerten berücksichtigt, der Median hingegen nicht, da er nur ordinale Information verwendet.

Suffizienz

Insgesamt erweisen sich das arithmetische Mittel m und die korrigierte Stichprobenvarianz $s^2 \cdot n/(n-1)$ als optimale Schätzungen der entsprechenden Populationskennwerte μ und σ^2. Sie sind erwartungstreu, konsistent, erschöpfend und bei normalverteilten Daten auch effizient.

Vertrauensintervalle für Stichprobenwerte

Die Überlegungen zur Genauigkeit der Stichprobenwerte lassen sich nutzen, um für einen gegebenen Stichprobenwert k ein *Vertrauens-* beziehungsweise *Konfidenzintervall* zu berechnen, innerhalb dessen der Populationswert K mit einer genau definierten Sicherheit liegt. Das Vorgehen soll am Beispiel von Konfidenzintervallen für das arithmetische Mittel erläutert werden.

**Konfidenz-
intervall für
das arithme-
tische Mittel**

     Nach dem zentralen Grenzwerttheorem gilt, dass die Gesamtheit der möglichen Stichprobenmittelwerte m einer Normalverteilung folgt, deren Eigenschaften man kennt: Ihr Mittelwert ist der Populationsmittelwert μ, und die Streuung ist der Standardfehler σ_m. Damit lässt sich ein Intervall berechnen, in dem zum Beispiel 90% aller Stichprobenmittelwerte liegen, nämlich innerhalb des Intervalls $\mu \pm z_{90\%} \cdot \sigma_m$. Der Ausdruck $\pm z_{90\%}$ bezeichnet die beiden Werte der Standardnormalverteilung (mit Mittelwert $m = 0$ und Standardabweichung $s = 1$), innerhalb deren Grenzen 90% aller Werte liegen: $z = -1{,}28$ beziehungsweise $z = +1{,}28$ (diese Werte können aus Tabellen abgelesen werden, wie sie in jedem Statistiklehrbuch enthalten sind). Die nachfolgende Grafik veranschaulicht diesen Sachverhalt.

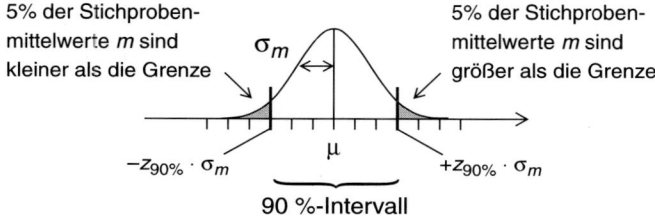

Da die Normalverteilung symmetrisch ist, liegen 50% der Fälle links und 50% rechts von μ (die Fläche unter der Glockenkurve gibt gerade die Häufigkeit bestimmter Werte wieder). Das Intervall, in dem 90% der Stichprobenmittelwerte liegen, ist ebenfalls symmetrisch. In die Abschnitte links der negativen Grenze dieses Intervalls ($-z_{90\%} \cdot \sigma_m$) und rechts der positiven Grenze ($+z_{90\%} \cdot \sigma_m$) fallen also jeweils 5% der Stichprobenmittelwerte (graue Flächen in der Grafik).

**Formel des
Konfidenz-
intervalls:**

$m \pm z_{x\%} \cdot \hat{\sigma}_m$

     Nun möchte man aber eigentlich die umgekehrte Frage beantworten. Gegeben ist ja nicht der Populationsmittelwert μ, sondern ein Stichprobenmittelwert m. Gesucht ist also ein Intervall um diesen Stichprobenmittelwert, in dem der Populationswert mit einer definierten Wahrscheinlichkeit liegt. Zur Bestimmung dieses Intervalls geht man analog vor: Statt μ nimmt man den Stichprobenmittelwert m, für den Standardfehler σ_m setzt man den aus der Stichprobe geschätzten Wert $\hat{\sigma}_m$ ein und berechnet so zum Beispiel das 90%-Konfidenzintervall nach der Formel $m \pm z_{90\%} \cdot \hat{\sigma}_m$.

Erhält man durch dieses Vorgehen wirklich das korrekte Vertrauensintervall für beliebige Stichprobenmittelwerte? Schließlich könnte man ja einen extremen Mittelwert m erwischt haben. Zur Beantwortung dieser Frage hilft wieder die Überlegung: "Was wäre, wenn man beliebig viele Mittelwerte und Vertrauensintervalle berechnen würde?" Weil m und $\hat{\sigma}_m$ erwartungstreue Schätzungen sind – das heißt, im Durchschnitt über viele Stichproben schätzen sie gerade die Populationswerte μ und σ_m – gilt für dieses Vorgehen, dass der tatsächliche Populationswert in 90% der Fälle in dem jeweils berechneten Vertrauensintervall liegt und nur in 10% der Fälle nicht.

Generell berechnet man die untere Grenze eines x%-Vertrauensintervalls nach der Formel $m - z_{x\%} \cdot \hat{\sigma}_m$ und die obere Grenze als $m + z_{x\%} \cdot \hat{\sigma}_m$. Für verschieden große Intervalle muss man nur noch den jeweiligen z-Wert der Standardnormalverteilung einsetzen. Typischerweise werden 95%-, 99%- oder 99,5%-Vertrauensintervalle berechnet. Für das 95%-Intervall beträgt der entsprechende z-Wert $z = 1,96$, für das 99%-Intervall $z = 2,58$ und für das 99,5%-Intervall $z = 2,81$. Weitere z-Werte findet man in den meisten Statistik-Lehrbüchern tabellarisch aufgelistet.

Literaturhinweise

Ausführliche Darstellungen der Stichprobenauswahl und der Schätzung verschiedener Kennwerte sowie die Werte diverser Wahrscheinlichkeitsverteilungen (wie etwa die Normalverteilung) sind in allen gängigen Statistik- und Methodik-Lehrbüchern enthalten (Bortz, 1999; Bortz & Döring, 2002; Leonhart, 2004; Nachtigall & Wirtz, 2002). Eine Tabelle dieser Verteilung inklusive eines statistischen Rechners zur Bestimmung von z-Werten findet man im Internet unter http://wwwhomes.uni-bielefeld.de/hjawww/glossar/. Eine einfache Einführung auf der Basis von Häufigkeiten an Stelle von Formeln geben Sedlmeier und Köhlers (2001), und eine Fülle von kritischen Beispielen für den Umgang mit Wahrscheinlichkeiten vor allem im Bereich der Medizin beschreiben Beck-Bornholdt und Dubben (1997, 2003).

Arbeitsanregungen

Aufgabe 4.1 Das Beispielszenario zur Stichprobenkennwerteverteilung von Seite 90 – die Bestimmung der durchschnittlichen Figurenlänge – können Sie leicht selbst simulieren. Sie brauchen dazu nur mehrere Würfel. Ziel ist die Schätzung der durchschnittlichen Augenzahl eines Würfels (sie beträgt 3,5). Eine "Stichprobenziehung" besteht darin, dass Sie mit einer bestimmten Anzahl von Würfeln einmal würfeln und dann die durchschnittliche Augenzahl Ihres Wurfes bestimmen. Die Zahl der verwendeten Würfel ist Ihre Stichprobengröße n. Erheben Sie eine bestimmte Anzahl solcher "Stichproben" (zum Beispiel 15) und berechnen Sie zum Schluss den Mittelwert und die Standardabweichung aller Ihrer Stichprobenmittelwerte für die Augenzahl. Was beobachten Sie, wenn Sie eine solche Simulation mit zwei, vier oder acht Würfeln durchführen, also mit Stichproben der Größe 2, 4 oder 8? In welchem Fall ist der geschätzte Gesamtmittelwert näher am theoretischen Wert von 3,5? In welchem Fall ist die Standardabweichung kleiner?

Aufgabe 4.2 In einer Stichprobe von $n = 99$ Personen haben Sie als Mittelwert eines Merkmals $m = 32$ erhalten, bei einer Standardabweichung von $s = 7$. In welchem Konfidenzintervall liegt der Populationsmittelwert μ mit einer Wahrscheinlichkeit von 99%? Berechnen Sie die obere und die untere Grenze des 99-%-Konfidenzintervalls.

5. Der Signifikanztest

"Die Verwendung der neuen Lehrmethode N2 führt zu einer *signifikanten* Verbesserung der Lernleistung im Vergleich zur alten Methode A (*Irrtumswahrscheinlichkeit* kleiner 5%)!" So könnte das Ergebnis des Lehrmethodenvergleichs aus dem Eingangskapitel lauten. Aussagen über Signifikanzen werden im Zusammenhang mit der Prüfung empirischer Effekte gemacht. Wie man bei der Prüfung statistischer Signifikanz vorgeht und was ein signifikantes Ergebnis bedeutet, wird in diesem Kapitel erklärt.

Bereits in Kapitel 4 wurde die Vorgehensweise vorgestellt, die vom Prinzip her auch dem Signifikanztest zugrunde liegt: Zuerst bestimmt man einen *Kennwert*, der eine bestimmte Eigenschaft der Stichprobe beschreibt. Dann wird eine *Wahrscheinlichkeitsverteilung* herangezogen, welche die erwartete Zufallsverteilung dieses Kennwerts darstellt. Schließlich werden *statistische Aussagen* getroffen, indem der empirisch ermittelte Kennwert in Bezug zur Wahrscheinlichkeitsverteilung beurteilt wird. So wurden etwa beim arithmetischen Mittel die Eigenschaften der Kennwertverteilung genutzt, um Konfidenzintervalle für den Populationsmittelwert zu bestimmen.

Allgemeines Vorgehen

Während aber bei der Schätzung einzelner Stichprobenkennwerte und bei der Berechnung von Vertrauensintervallen direkt von empirischen Daten auf unbekannte Populationskennwerte geschlossen wird, ist das Vorgehen beim Signifikanztest ein anderes. Hierbei werden zuerst die Eigenschaften einer Population postuliert, und dann wird geprüft, ob sich diese Eigenschaften durch die Stichprobenergebnisse bestätigen lassen.

Bei einem Signifikanztest werden also immer Hypothesen über die Population geprüft. Die entscheidende Frage lautet nun, wie sich anhand von mehr oder weniger genauen Stichprobenergebnissen über die Korrektheit einer Hypothese entscheiden lässt. Im ersten Teil dieses Kapitels wird präzisiert, welche Hypothesen bei einem Signifikanztest verglichen werden, im zweiten Teil wird erklärt, wie Entscheidungen über Hypothesen getroffen werden.

5.1 Vergleich von Hypothesen

Arten von Hypothesen

In Kapitel 1 wurde eine Hypothese charakterisiert als "vermutete Antwort auf eine offene Frage" und als eine "über den Einzelfall hinausgehende Behauptung, die potenziell falsifizierbar ist" (Seite 12). Zwei wichtige Varianten von Hypothesen sind in den gewählten Beispielszenarien bereits angedeutet: Unterschieds- und Zusammenhangshypothesen.

Unterschiedshypothesen behaupten Unterschiede zwischen Gruppen, zum Beispiel in Bezug auf Mittelwerte oder Häufigkeiten. Beim Lehrmethodenvergleich etwa wird behauptet, dass die drei Lehrmethoden A, N1 und N2 zu Unterschieden in der mittleren Zahl korrekt gelöster Behaltens- und Transferaufgaben führen. In der deskriptiven Statistik (Seite 67) fand sich ein solcher Unterschied bei den Transferaufgaben, nicht aber bei den Behaltensaufgaben.

Zusammenhangshypothesen machen Aussagen über Korrelationen zwischen Variablen. In der Lebenszufriedenheitsstudie etwa werden Hypothesen über die Zusammenhänge zwischen der beruflichen Wiedereingliederung nach der Reha-Maßnahme, dem Ausmaß an Gesundheitssorgen, chronischen Schmerzen und der Lebenszufriedenheit untersucht.

Beide Arten von Hypothesen lassen sich weiter danach charakterisieren, ob sie *ungerichtet* oder *gerichtet* beziehungsweise *unspezifisch* oder *spezifisch* sind.

Gerichtete vs. ungerichtete Hypothesen

Ungerichtete Hypothesen behaupten nur das Vorliegen irgendeines Unterschieds beziehungsweise Zusammenhangs, während gerichtete Hypothesen auch dessen Richtung spezifizieren, also ob eine Gruppe besser oder schlechter abschneidet als die andere oder ob eine Korrelation positiv oder negativ ausfällt. Ob eine Hypothese gerichtet oder ungerichtet ist, spielt bei der Signifikanzprüfung eine wichtige Rolle.

Ein Beispiel für eine gerichtete Hypothese ist die Behauptung "Wenn Personen mit der neuen Methode N1 unterrichtet werden, dann zeigen sie eine *bessere* Lernleistung als Personen, die nach der alten Methode A unterrichtet werden."

Spezifische vs. unspezifische Hypothesen

Unspezifische Hypothesen sagen nichts über die Größe des behaupteten Unterschieds beziehungsweise Zusammenhangs, während spezifische Hypothesen die Größe genau angeben. Die obige Hypothese über die Auswirkung der neuen Lehrmethoden war demnach eine unspezifische Hypothese, weil die Größe des erwarteten Effekts nicht angegeben wird.

Als spezifisch-gerichtete Hypothese könnte sie etwa so lauten:
"Wenn Personen mit der neuen Methode N1 unterrichtet werden,
dann zeigen sie eine um *mindestens 20% bessere* Lernleistung als
Personen, die nach der alten Methode A unterrichtet werden." Beide
Hypothesen scheinen nach der Datenlage nicht zuzutreffen. Nur die
neue Lehrmethode N2 erbrachte die behauptete positive Auswirkung auf die Lernleistung.

Wie erfolgt die statistische Hypothesenprüfung nun konkret? Die **H$_1$-H$_0$-Hypo-**
Prüfung von Hypothesen erfolgt durch den *Vergleich zweier einan-* **thesentest**
der ausschließender Hypothesen H$_1$ und H$_0$. Die Hypothese H$_1$ ist
die eigentlich interessierende Hypothese über den vermuteten
Unterschied zwischen den untersuchten Gruppen oder die vermutete
Korrelation zwischen Variablen. Sie wird auch als Alternativhypothese bezeichnet, weil sie das Gegenstück zur Nullhypothese H$_0$
darstellt. Letztere behauptet das Gegenteil, nämlich dass es den
Unterschied zwischen den Gruppen beziehungsweise die Korrelation zwischen den Variablen nicht gibt.

Für die statistische Prüfung der Hypothesen werden beide – H$_1$ **Statistische**
und H$_0$ – als *statistische Hypothesen* formuliert, die Aussagen über **Hypothesen**
den verwendeten statistischen Kennwert und dessen Ausprägung in
der Population machen.

Für eine Unterschiedshypothese, die sich auf Mittelwerte zweier
Gruppen A und B bezieht, könnten die statistischen Hypothesen
zum Beispiel so lauten:

	H$_1$	H$_0$
1. ungerichtet-unspezifisch:	$\mu_A \neq \mu_B$	$\mu_A = \mu_B$
2. gerichtet-unspezifisch:	$\mu_A > \mu_B$	$\mu_A \leq \mu_B$
3. gerichtet-spezifisch:	$\mu_A > \mu_B + x$	$\mu_A \leq \mu_B + x$

Die erste, ungerichtet-unspezifische Alternativhypothese H$_1$ drückt
aus, dass sich die Mittelwerte beider Populationen A und B irgendwie unterscheiden; die Nullhypothese drückt das Gegenteil aus, dass
die Mittelwerte gleich sind. Die zweite, gerichtet-unspezifische
Hypothese H$_1$ gibt diesem Unterschied noch eine Richtung: Der
Mittelwert in Gruppe A ist größer als der in Gruppe B. Die letzte,
gerichtet-spezifische Hypothese H$_1$ drückt aus, dass der Mittelwert
in der Population A mindestens um den Betrag x größer ist als in der
Population B, und die Nullhypothese drückt wieder das Gegenteil
aus.

Ganz analog lassen sich die statistischen Hypothesen für korrela-
tive Zusammenhänge zwischen zwei Variablen formulieren. Der
Populationskennwert einer Produkt-Moment-Korrelation *r* wird
dabei mit ρ (sprich: rho) bezeichnet:

	H_1	H_0
1. ungerichtet-unspezifisch:	$\rho \neq 0$	$\rho = 0$
2. gerichtet-unspezifisch:	$\rho > 0$	$\rho \leq 0$
3. gerichtet-spezifisch:	$\rho > 0{,}5$	$\rho \leq 0{,}5$

Die erste, ungerichtet-unspezifische Alternativhypothese H_1 drückt aus, dass es irgendeine Art von Korrelation zwischen den Variablen gibt, ohne das Vorzeichen oder die Größe anzugeben. Die Nullhypothese drückt dementsprechend aus, dass es keine Korrelation gibt. Die zweite Alternativhypothese H_1 qualifiziert die Richtung des Zusammenhangs (die Korrelation ist positiv) und die dritte nennt sogar einen konkreten Wert für die Stärke des Zusammenhangs.

5.2 Entscheidung über Hypothesen

Allgemeines Vorgehen

Das allgemeine Vorgehen beim Hypothesenvergleich umfasst die folgenden vier Schritte:

- Zuerst wird die inhaltliche Hypothese in eine *statistische Hypothese* übersetzt, die sich auf den interessierenden statistischen Kennwert bezieht.

- Dann wird die ausgewählte Stichprobe untersucht und der *empirische Kennwert* für diese Stichprobe berechnet.

- Anschließend wird die relevante *Kennwertverteilung* bestimmt, also die Wahrscheinlichkeitsverteilung, welcher der betrachtete Kennwert theoretisch folgt.

- Zuletzt wird eine *statistische Entscheidung* darüber gefällt – und zwar nach einer genau definierten Entscheidungsregel – ob der empirisch gefundene Kennwert für die Gültigkeit von H_1 oder für die Gültigkeit von H_0 spricht.

Beim Lehrmethodenvergleich lautet eine inhaltliche Hypothese, dass sich die neue Lehrmethode N2 im Vergleich zur alten Methode A positiv auf die Lösung der Transferaufgaben auswirkt. Im Mittel sollten sich die Gruppen um die Differenz $d_{empirisch}$ unterscheiden. Diese Differenz sei hier der relevante statistische Kennwert; für die Population heißt er *delta* (δ). Da man die Größe des Effekts nicht kennt, formuliert man die statistischen Hypothesen gerichtet aber unspezifisch: "Die Gruppe, die nach der neuen Methode N2 unterrichtet wurde, schneidet im Durchschnitt besser ab als die Gruppe, die nach der alten Methode A unterrichtet wurde (H_1: $\delta > 0$)." Die Nullhypothese lautet entsprechend: "Die Gruppe, die mit Methode

N2 unterrichtet wurde, schneidet *nicht* besser ab als die Gruppe, die mit Methode A unterrichtet wurde (H_0: $\delta \leq 0$)." Empirisch wurde tatsächlich ein Unterschied beobachtet: $d_{empirisch} = m_{N2} - m_A = 7{,}1 - 3{,}9 = 3{,}2$. Die jetzt zu lösende Entscheidungsaufgabe lässt sich anhand zweier Kennwertverteilungen so darstellen:

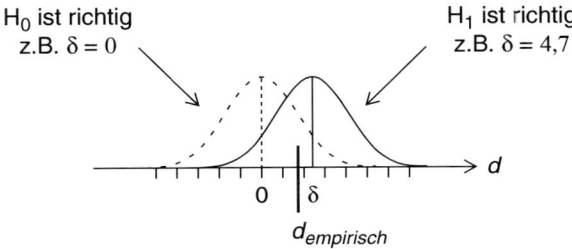

H_0 ist richtig z.B. $\delta = 0$ H_1 ist richtig z.B. $\delta = 4{,}7$

$0 \quad \delta$

$d_{empirisch}$

Die linke, gestrichelte Verteilung gibt an, welche Differenzwerte d man über viele Stichproben beobachten würde, wenn die Nullhypothese H_0 richtig ist und zum Beispiel $\delta = 0$ gilt ("Es gibt keinen Unterschied zwischen beiden Gruppen A und N2"). Im Durchschnitt würde man in diesem Fall eine Differenz von $\delta = 0$ erhalten. Der Wert $d_{empirisch}$ stammt demnach aus einer Stichprobe, die vom wahren Wert stark nach rechts abweicht. Die rechte, durchgezogene Verteilung gibt an, welche Differenzwerte man erwarten würde, wenn die Alternativhypothese H_1 richtig ist und zum Beispiel $\delta = 4{,}7$ gilt. Im Durchschnitt würde man dann gerade diesen Wert als Unterschied zwischen den beiden Gruppen erwarten. In diesem Fall stammt der Wert $d_{empirisch}$ aus einer Stichprobe, die vom wahren Wert leicht nach links abweicht.

Das Entscheidungsproblem

Zu entscheiden ist also, ob die aus den Daten errechnete Mittelwertsdifferenz $d_{empirisch}$ eher aus der H_0-Verteilung oder aus der H_1-Verteilung stammt – nur eine trifft letztendlich zu.

Im Prinzip kann diese Entscheidung vier Ausgänge nehmen. In zwei Fällen wird eine korrekte Entscheidung getroffen: In der Population gilt H_0 (oder H_1) und man entscheidet auch, dass H_0 (oder H_1) zutrifft ($\sqrt{}$). In den beiden anderen Fällen trifft man eine Fehlentscheidung. Man kann einerseits die Alternativhypothese H_1 akzeptieren, obwohl tatsächlich die Nullhypothese H_0 gilt, was bedeutet, dass man irrtümlicherweise die eigene Hypothese für bestätigt hält. Diesen Fehler bezeichnet man als α-Fehler. Umgekehrt kann man die eigentlich gültige Hypothese H_1 zu Gunsten der Nullhypothese H_0 verwerfen, was bedeutet, dass man irrtümlicherweise die eigene Vermutung verwirft. Dieser Fehler heißt β-Fehler.

Entscheidungsfehler: α-Fehler β-Fehler

Entscheidung nach der Stichprobe	In der Population gilt	
	H_0	H_1
für H_0	√	β-Fehler
für H_1	α-Fehler	√

In der Lehrmethodenvergleichsstudie würde ein α-Fehler bedeuten, fälschlicherweise davon auszugehen, dass die neue Lehrmethode N2 zu einer besseren Lernleistung führt als die alte Methode A. Die Umsetzung der neuen Methode in die Praxis zöge Kosten für Lehrerfortbildungen und neue Lehrmaterialien nach sich – und dies für eine Lehrmethode, die nichts bringt. Der β-Fehler würde in diesem Fall bedeuten, fälschlicherweise davon auszugehen, dass das didaktische Prinzip der neuen Lehrmethode ineffektiv ist. Es bliebe also der nächsten Generation von Fortbildungsteilnehmern die eigentlich bessere Lehrmethode verwehrt.

Da man die Populationskennwerte nicht kennt, gibt es keine absolute Sicherheit. Welche Fehlentscheidung aber "schlimmer" ist – das heißt, gegen welchen Fehler man sich statistisch besser absichern muss – kann nur durch eine "Güterabwägung" aufgrund *inhaltlicher* Überlegungen geklärt werden. Es ist letztendlich eine normative Entscheidung, keine statistische oder empirische.

Die Wahrscheinlichkeit für einen α-Fehler

Stellen Sie sich vor, es werden zwei Gruppen auf Unterschiede hin analysiert. In Wirklichkeit läge kein Unterschied vor ($\delta = 0$), das heißt, es gilt die H_0-Kennwerteverteilung. Dennoch finden Sie zwischen Ihren beiden Stichproben einen Unterschied $d_{empirisch} > 0$ und nehmen H_1 als gültig an. Die Wahrscheinlichkeit, mit der statisti-

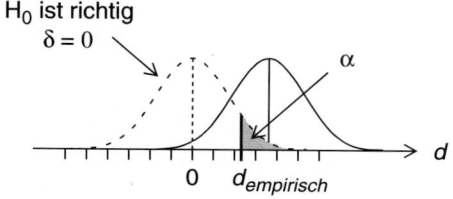

schen Entscheidung einen α-Fehler zu begehen, ist die bedingte Wahrscheinlichkeit dafür, H_1 zu akzeptieren, obwohl H_0 richtig ist, notiert als: $p(H_1 \mid H_0)$. Diese Wahrscheinlichkeit entspricht genau der Fläche unter der Kurve, die Differenz $d_{empirisch}$ oder eine noch größere Differenz zu beobachten (grau unterlegt).

Bereits vor der Untersuchung legt man das α-Niveau fest, das ist die Wahrscheinlichkeit für einen α-Fehler, die man gerade noch akzeptieren würde. Auch dies ist eine normative Entscheidung. Nach Konvention wird oft ein α-Niveau von 0,05 beziehungsweise 0,01 gewählt, was einer Fehlentscheidung in 5% beziehungsweise 1% der Fälle entspricht. Das α-Niveau definiert dabei gleichzeitig eine "kritische" Mittelwertsdifferenz $d_{kritisch}$, für die gilt, dass extremere Mittelwertsdifferenzen rein "zufällig" nur mit einer Wahrscheinlichkeit von $p < \alpha$ auftreten. Dies bildet die Grundlage für die statistische Entscheidung.

Bei einer *gerichteten* Hypothese – man sagt auch: bei einer einseitigen Fragestellung – legt man das α-Niveau gerade so, dass es je nach Richtung der Hypothese entweder den rechten oder den linken Rand der H_0-Kennwertverteilung abschneidet (siehe Abbildung unten). Hat man sich für ein bestimmtes α-Niveau entschieden, so ermittelt man im nächsten Schritt für den empirisch gemessenen Kennwert $d_{empirisch}$ die Wahrscheinlichkeit p nach der H_0-Verteilung, zufällig gerade diesen oder einen größeren Kennwert zu erhalten. Man entscheidet sich *für* die Gültigkeit der Alternativhypothese H_1, wenn $p < \alpha$ ist, das heißt, wenn $d_{empirisch}$ größer als $d_{kritisch}$ ist. Andernfalls lehnt man H_1 ab. In der folgenden Abbildung würde man H_1 annehmen, weil die empirisch beobachtete Mittelswertdifferenz in den Annahmebereich für H_1 fällt:

Statistische
Entscheidung
bei gerichteter
Hypothese

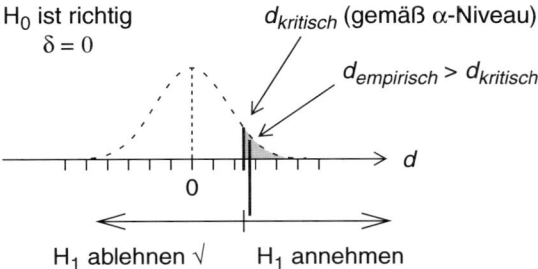

Übersteigt $d_{empirisch}$ den kritischen Wert, dann ist der gefundene Mittelwertsunterschied *statistisch signifikant*, bei einer Irrtumswahrscheinlichkeit von α. Hat man ein α-Niveau von zum Beispiel

5% gewählt, so bedeutet dies, dass man nur in 5% der Fälle mit der Akzeptanz von H_1 eine Fehlentscheidung trifft. Man erhält also eine Aussage über die Sicherheit der statistischen Entscheidung in Bezug auf den α-Fehler.

Statistische Entscheidung bei ungerichteter Hypothese

Bei der obigen Darstellung mit einem einseitigen Annahmebereich für H_1 wurde von einer *gerichteten* Hypothese ausgegangen. Hat man es mit einer *ungerichteten* Hypothese zu tun, so ist die Richtung des Effekts offen – unterscheidet sich Gruppe A von Gruppe B, egal in welche Richtung? Man spricht dann von einer zweiseitigen Fragestellung. Deshalb muss der Annahmebereich für H_1 anders verteilt werden. α wird halbiert und symmetrisch am linken und rechten Ende der Verteilung abgetragen. Man entscheidet sich für die Alternativhypothese H_1, wenn der gefundene Mittelwertunterschied groß genug ist und in den linken *oder* in den rechten Annahmebereich fällt. Die Gesamtwahrscheinlichkeit für eine falsche Annahme von H_1 entspricht gerade dem α-Niveau.

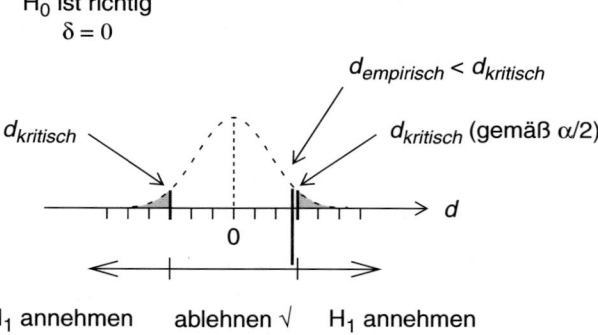

Ein Vergleich der beiden Grafiken zeigt: In der zweiten Grafik fällt dieselbe gemessene Mittelwertsdifferenz $d_{empirisch}$ in den Ablehnungsbereich für H_1, während sie in der ersten Grafik in den Annahmebereich fällt. Die *gerichtete* und damit genauere Hypothese wird durch einen kleineren Effekt signifikant als die *ungerichtete* (ungenauere) Hypothese. Das liegt daran, dass bei einer gerichteten Hypothese das gesamte α auf eine Seite der Verteilung gelegt wird.

Oft werden die kritischen Werte für die statistische Entscheidung allein aufgrund des α-Niveaus festgelegt. Dies ist problematisch, weil so der β-Fehler unkontrolliert bleibt!

Die Wahrscheinlichkeit für einen β-Fehler

Der β-Fehler ist gerade die komplementäre Fehlentscheidung zum α-Fehler. In Wirklichkeit liegt ein Unterschied zwischen den Gruppen vor ($\delta > 0$), das heißt, es gilt die H_1-Kennwerteverteilung. Zwischen den beiden Gruppen hat man aber nur einen kleinen Unterschied $d_{empirisch} > 0$ gemessen, sodass man H_1 irrtümlich ablehnt. Die Wahrscheinlichkeit, mit der statistischen Entscheidung einen β-Fehler zu begehen, ist die bedingte Wahrscheinlichkeit dafür, H_0 zu akzeptieren, obwohl H_1 gilt, notiert als: $p(H_0 \mid H_1)$. Diese Wahrscheinlichkeit entspricht genau der Fläche unter der H_1-Kurve, die Differenz $d_{empirisch}$ oder eine kleinere Differenz zu beobachten (grau unterlegt).

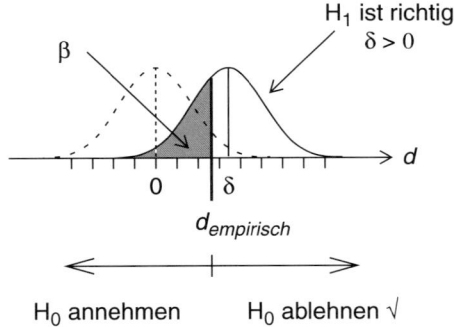

Für das β-Niveau, das heißt für die Wahrscheinlichkeit eines β-Fehlers, gibt es keine klare Konvention. Oft wird ein β-Niveau von 0,2 oder 0,1 gewählt; es wird also eine deutlich größere Wahrscheinlichkeit für einen β-Fehler in Kauf genommen als für einen α-Fehler. Ob dies gerechtfertigt ist, muss vorab überlegt werden, indem man die Konsequenzen beider Fehler gegeneinander abwägt.

Hat man sich für ein β-Niveau entschieden, so bestimmt man für den empirisch ermittelten Kennwert die Wahrscheinlichkeit p, mit der man zufällig gerade diesen oder einen kleineren Wert erhält, diesmal in Bezug auf die H_1-Verteilung. Man entscheidet sich für die Gültigkeit von H_0, wenn $p < \beta$ ist, andernfalls lehnt man H_0 ab.

Statistische Entscheidung

Da sich der β-Fehler auf die H_1-Verteilung bezieht, muss man die Größe des erwarteten Effekts kennen, um die Verteilung festlegen zu können. Das bedeutet, dass man die Wahrscheinlichkeit eines β-Fehlers nur bei *spezifischen* Hypothesen bestimmen kann, nicht aber bei unspezifischen.

Eigenschaften der α- und β-Wahrscheinlichkeit

Im Hinblick auf die Wahrscheinlichkeit der beiden Fehler gibt es einige systematische Zusammenhänge, die man kennen muss:

- Wird der beobachtete *Effekt* größer, so wird die Wahrscheinlichkeit für einen α-Fehler kleiner.

- α und β verhalten sich *gegenläufig*! Und schließlich:

- Wird der *Standardfehler* eines Kennwertes kleiner, so wird die Wahrscheinlichkeit für einen α–Fehler ebenfalls kleiner.

Alle drei Zusammenhänge sollen im Folgenden grafisch veranschaulicht werden.

α-Fehler und Effektgröße

Wie wirkt sich die Größe des beobachteten Effekts aus?

H_0 ist richtig
$\delta = 0$

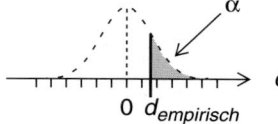

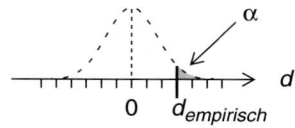

kleiner Effekt   großer Effekt

In der linken Abbildung oben ist die beobachtete Mittelwertsdifferenz $d_{empirisch}$ klein. In der rechten Abbildung ist sie größer. Damit sinkt gleichzeitig die Wahrscheinlichkeit, dass zufällig ein größerer Effekt beobachtet werden kann. Wird also der beobachtete Effekt größer, so wird die Wahrscheinlichkeit eines α-Fehlers kleiner.

α- und β-Fehler

Wie verhält sich die α-Wahrscheinlichkeit zur β-Wahrscheinlichkeit?

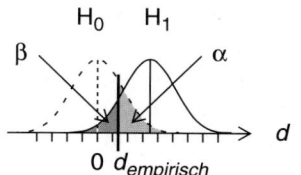

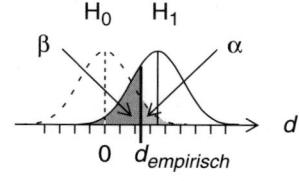

β klein, α groß   β groß, α klein

In der linken Abbildung ist die Mittelwertsdifferenz $d_{empirisch}$ klein. Entscheidet man sich dennoch für die Alternativhypothese H_1, so ist die Wahrscheinlichkeit eines α-Fehlers groß – sie ergibt sich in Bezug auf die H_0-Verteilung. Andererseits ist die Wahrscheinlichkeit eines β-Fehlers gering – sie ergibt sich in Bezug auf die H_1-Verteilung. In der rechten Abbildung kehrt sich mit einem größeren Effekt das Verhältnis von α zu β gerade um. Die Fehler sind gegenläufig: Reduziert man α, wird automatisch β größer (und umgekehrt). Man muss sich also immer entscheiden, welchen Fehler man stärker gewichtet.

Und schließlich: Welche Rolle spielt der Standardfehler?

α-Fehler und Standardfehler

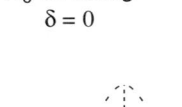

H$_0$ ist richtig
$\delta = 0$

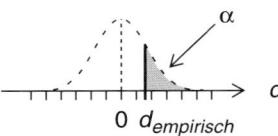

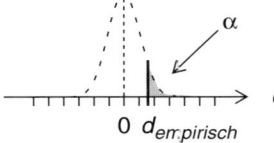

großer Standardfehler   kleiner Standardfehler

In der linken Abbildung ist der Standardfehler – das heißt die Streuung aller potenziellen Stichprobenwerte d um den Populationswert 0 – groß. In der rechten Abbildung dagegen ist der Standardfehler – bei gleicher Mittelwertsdifferenz d – kleiner. Damit ist die Wahrscheinlichkeit geringer, dass zufällig ein noch größerer Effekt beobachtet werden kann. Wird also der Standardfehler eines Kennwertes kleiner, so werden α–Fehler unwahrscheinlicher.

Wie in Kapitel 4 erläutert, wird der Standardfehler zum Beispiel des Mittelwerts kleiner, wenn die Varianz des Merkmals in der Population geringer wird und auch wenn man den Stichprobenumfang n vergrößert (Seite 94). Aufgrund dieser letzten Tatsache lässt sich im Prinzip jeder noch so kleine Effekt allein durch eine ausreichend große Stichprobe als statistisch signifikant absichern. Die Aussage, ein Effekt sei "statistisch signifikant", ist also für sich genommen ohne praktische Bedeutung, solange die Größe des Effekts inhaltlich nicht mit berücksichtigt wird.

Die Power-Analyse

Die Power-Analyse versucht, das Problem des unkontrollierten β-Fehlers in den Griff zu bekommen, indem die Wahrscheinlichkeit für einen α-Fehler und einen β-Fehler, der Stichprobenumfang und die Effektgröße gleichzeitig berücksichtigt werden.

Power   Die *Power* oder *Teststärke* gibt an, mit welcher Wahrscheinlichkeit eine Untersuchung eine tatsächlich gültige H_1 herausfinden kann. Dies ist gerade die Gegenwahrscheinlichkeit $1-\beta$ zur Wahrscheinlichkeit eines β-Fehlers.

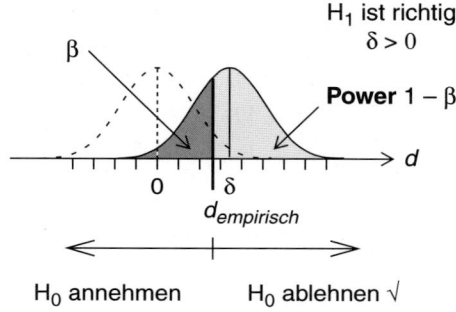

Effektgröße ε

$$\varepsilon = \frac{m_A - m_B}{\sigma}$$

Da die Größe des zu erwartenden Effekts in die Poweranalyse eingeht, verlangt sie eine *spezifische* H_1-Hypothese. Die Effektgröße ε für eine Mittelwertsdifferenz etwa wird gemäß der nebenstehenden Formel aus den Mittelwerten der beiden zu vergleichenden Gruppen m_A und m_B und der gemeinsamen Varianz σ berechnet. ε wird größer mit zunehmender Differenz der beiden Mittelwerte, aber auch, wenn die Varianz des Merkmals geringer wird. Je nach statistischem Kennwert gibt es allerdings eine andere Formel zur Berechnung der Effektgröße.

Die Bestimmung der (Mindest-) Größe eines praktisch bedeutsamen Effekts erfordert – wie die Festlegung des α- und β-Niveaus – eine *inhaltliche* Auseinandersetzung mit der Fragestellung und ist keine statistische Frage. In der Praxis haben sich allerdings Richtgrößen für "kleine", "mittlere" und "große" Effekte herausgebildet. Zum Beispiel gilt für Mittelwertsdifferenzen $\varepsilon = 0{,}2$ als klein, $\varepsilon = 0{,}5$ als mittel und $\varepsilon = 0{,}8$ als groß (Cohen, 1988).

Was gewinnt man durch die explizite Berücksichtigung der Effektgröße? Man kann gleichzeitig den α- und den β-Fehler kontrollieren und, wenn drei der Größen gegeben sind, die jeweils vierte berechnen. Zwei zentrale Anwendungen sind:

Vorteil und Anwendung

- die Bestimmung der β-Fehlerwahrscheinlichkeit beziehungsweise der Power eines statistischen Tests, einen Effekt auch tatsächlich nachzuweisen, wenn er denn vorliegt – gegeben Stichprobenumfang n, α-Niveau und Effektgröße – sowie

- die Bestimmung der "optimalen" Stichprobengröße, die eine eindeutige Entscheidung zwischen H_1 und H_0 ermöglicht – gegeben die Größe des Effekts, sowie das α- und β-Niveau.

Was bedeutet es, dass eine Stichprobe die optimale Größe hat? Um diese Frage zu beantworten, muss man sich zunächst klarmachen, was bei einer Veränderung der Stichprobengröße geschieht – es verändert sich der Standardfehler der Messung (siehe Seite 94). Je größer der Stichprobenumfang, desto genauer ist die Schätzung eines Kennwertes, das heißt, desto kleiner ist der Standardfehler. In den abgebildeten Kennwerteverteilungen spiegelt sich der Standardfehler in der Breite der Verteilung wider. Bei einem großen Standardfehler ist die Kennwerteverteilung breit, bei einem kleinen Standardfehler ist sie schmal. Angenommen, es liegt ein Effekt einer bestimmten Größe vor. Man habe sich für ein α-Niveau von 0,05 und für ein β-Niveau von 0,2 entschieden. Was passiert, wenn die Stichprobe zu klein ist, was, wenn sie zu groß ist?

Optimale Stichprobengröße

Ist die Stichprobe *zu klein*, dann ist der Standardfehler groß, das heißt, die Kennwerteverteilungen sind relativ breit. Dies ist ungünstig, weil ein beobachteter Stichprobenkennwert in einen Bereich fallen kann, in dem man beide Hypothesen, H_0 und H_1, ablehnen müsste, weil die Wahrscheinlichkeiten für den α- *und* den β-Fehler zu groß sind. Je kleiner die Stichprobe ist, desto größer ist dieser Bereich.

Stichprobe zu klein

**Stichprobe
zu groß**

Was passiert, wenn die Stichprobe *zu groß* ist? Der Standardfehler ist dann klein, und die Kennwerteverteilungen sind sehr schmal. Aber auch dies ist ungünstig. Diesmal gibt es einen Bereich, in dem man beide Hypothesen annehmen müsste. Man müsste die eigene Vermutung H_1 annehmen, weil der α-Fehler für einen beobachteten Stichprobenkennwert in diesem Bereich kleiner als 0,05 ist. Gleichzeitig müsste man aber auch die Nullhypothese annehmen, weil der β-Fehler kleiner als der gesetzte Wert von 0,2 ist.

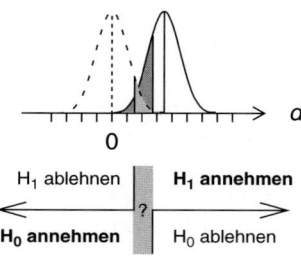

**Stichprobe
optimal groß**

Wenn die Stichprobengröße *optimal* gewählt ist, dann grenzen die Bereiche, in denen man einen α- beziehungsweise β-Fehler begeht, direkt aneinander, sodass für jeden beobachteten Stichprobenkennwert eine eindeutige Entscheidung zwischen beiden Hypothesen möglich ist:

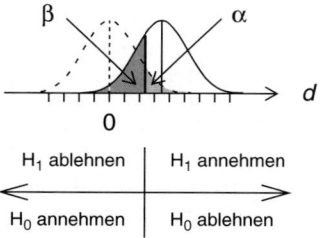

Wenn man eine Fehlentscheidung trifft, unterliegt man so entweder einem α-Fehler oder einem β-Fehler – "einen Tod muss man also sterben", aber man tut dies "sehenden Auges", das heißt, man weiß genau, wie wahrscheinlich diese Fehler sind.

Wie sollte man bei der statistischen Prüfung von Hypothesen nun konkret vorgehen? Die in diesem Kapitel dargestellten Überlegungen zu statistischen Fehlentscheidungen und die Überlegungen aus dem letzten Kapitel zur Genauigkeit von Parameterschätzungen legen zwei Varianten nahe.

Vorgehensweisen für die statistische Prüfung

Die erste Variante könnte man umschreiben als "Zufall ausschließen bei fest definierter Power". Dazu legt man *vor* der Untersuchung die Art der Hypothese, die Größe des interessierenden Effekts sowie das α- und β-Niveau fest und berechnet die notwendige Stichprobengröße n, die es einem erlaubt, eindeutig zwischen der Null- und der Alternativhypothese zu entscheiden. Dann wird die eigentliche Untersuchung durchgeführt und anhand der Ergebnisse die statistische Entscheidung getroffen. Hat man eine einseitige Fragestellung und kann von einem großen Effekt ausgehen, so genügt eine verhältnismäßig kleine Stichprobe. Hat man dagegen eine zweiseitige Fragestellung oder vermutet nur einen kleinen Effekt, so benötigt man eine entsprechend größere Stichprobe. Je nachdem kann dabei schnell ein Stichprobenumfang von mehr als 1.000 Personen notwendig sein. Optimale Stichprobengrößen gemäß der Poweranalyse werden im nächsten Kapitel für eine Reihe konkreter statistischer Testverfahren angegeben.

Manchmal hat man aber das Glück, eine noch größere Stichprobe zur Verfügung zu haben. Nach den Kriterien der Poweranalyse ist dies allerdings ungünstig, weil eine eindeutige Entscheidung zwischen den statistischen Hypothesen dann nicht in jedem Fall gewährleistet ist. Sollte man deshalb aber die Stichprobe "künstlich" verkleinern?

Nicht unbedingt. An dieser Stelle greifen Überlegungen aus dem letzten Kapitel zur Genauigkeit von Stichprobenuntersuchungen. Klar ist: Ziel jeder Stichprobenuntersuchung muss sein, eindeutige Entscheidungen hinsichtlich der statistischen Hypothesen treffen zu können. Ein anderes, gleichermaßen berechtigtes Ziel ist es aber, die interessierenden statistischen Größen wie Mittelwerte, Varianzen oder Korrelationen sowie Effektgrößen mit möglichst großer Präzision abzuschätzen. Wie im letzten Kapitel erläutert wurde, nimmt die Genauigkeit unter anderem mit steigender Stichprobengröße zu (siehe Seite 94). Ein günstiges Vorgehen, wenn große Stichproben verfügbar sind, lautet also: "Kennwerte schätzen und Vertrauensintervalle bestimmen". Natürlich darf man in diesem Fall die Effektgröße nicht außer Acht lassen – minimale Effekte sind in der Regel nicht interessant – aber eine statistische Absicherung gegen den Zufall ist dann weniger wichtig.

Literaturhinweise

Einführungen in die Logik des Signifikanztests und die Power-Analyse geben fast alle Lehrbücher zur Inferenzstatistik (zum Beispiel Bortz, 1999; Bortz & Döring, 2002; Leonhart, 2004; Nachtigall & Wirtz, 2002). Eine Darstellung auf der Grundlage von Häufigkeiten an Stelle von Formeln bieten Sedlmeier & Köhlers (2001). Das Standardwerk für die Poweranalyse ist immer noch das Buch von Cohen (1988) mit vielen Tabellen zu optimalen Stichprobengrößen und zur Power von Untersuchungen. Kritische Beispiele für die Anwendung und Interpretation von Signifikanztests vor allem in der Medizin findet man wiederum bei Beck-Bornholdt & Dubben (1997, 2003).

6. Einfache Designs und statistische Tests

Nachdem im vorigen Kapitel das Grundprinzip der statistischen Signifikanzprüfung erläutert wurde, folgen nun einige einfache statistische Verfahren zur Durchführung von Signifikanztests.

Die Vorgehensweise ist bei allen Verfahren gleich und folgt dem im letzten Kapitel vorgestellten Prinzip: Man bestimmt zunächst eine *Prüfgröße*, die bestimmte Eigenschaften der Stichprobe beschreibt. Diese empirisch ermittelte Prüfgröße wird dann anhand der für diese Größe theoretisch zu erwartenden Zufallsverteilung (*Prüfverteilung*) auf Signifikanz hin beurteilt.

Grundprinzip

Welches konkrete Verfahren im Einzelfall für die Auswertung angemessen ist, hängt von verschiedenen Faktoren ab: vom Skalenniveau der Daten, vom statistischen Kennwert, der auf Signifikanz geprüft werden soll, und auch vom Design der Untersuchung. Im Folgenden werden ausgewählte statistische Testverfahren für unterschiedliche Skalenniveaus, Kennwerte und Designs vorgestellt:

- zwei Verfahren für den Vergleich eines Stichprobenwerts mit einem bekannten Populationswert,
- verschiedene Verfahren für die experimentelle Prüfung von Häufigkeits- und Mittelwertsunterschieden zwischen Stichproben
- sowie zwei Verfahren für die Prüfung von korrelativen Zusammenhängen zwischen zwei Variablen.

Zuerst werden jeweils relevante Aspekte des zugrundeliegenden Untersuchungsdesigns erläutert, dann werden die Testverfahren an konkreten Beispielen erklärt. Weil die Anwendung statistischer Testverfahren immer an bestimmte Voraussetzungen gebunden ist, werden diese für jedes Verfahren angegeben, genauso wie ein Effektgrößenmaß und optimale Stichprobenumfänge gemäß der Poweranalyse. Die entsprechenden Formeln und Tabellen sind Bortz (1999) und Cohen (1988) entnommen.

6.1 Vergleich von Stichprobenwerten mit bekannten Werten

Untersuchungsdesign

Ein-Gruppen-Design

Für diese Art von Untersuchung genügt das denkbar einfachste Design. Man erhebt eine zufällig ausgewählte Stichprobe von Personen ("Gruppe") und misst eine einzige abhängige Variable aV:

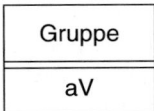

Für die experimentelle Prüfung von Unterschiedshypothesen ist dieses Design *nicht* geeignet, weil keine Maßnahme eingeführt wird, die sich unterschiedlich auswirken könnte. Für die Untersuchung von Zusammenhangshypothesen ist es ebenfalls nicht geeignet, solange nur eine einzige abhängige Variable erhoben wird.

Dennoch ist ein solches Design für manche Fragestellungen sinnvoll, zum Beispiel für populationsbeschreibende Untersuchungen wie die Wahlumfrage oder für die Prüfung, ob ein Stichprobenwert von einem Wert abweicht, der für eine Population bekannt ist. Im Folgenden werden hierfür zwei statistische Tests vorgestellt:

- der eindimensionale χ^2-Test (sprich: Chi-Quadrat-Test) für den Vergleich der Häufigkeiten eines nominalskalierten Merkmals mit erwarteten Häufigkeiten

- und der z-Test für den Vergleich eines Stichprobenmittelwerts mit einem bekannten Populationsmittelwert.

Eindimensionaler χ^2-Test

Beispiel

Stellen Sie sich vor, eine Firma hätte 134 Mitarbeiter und 112 Mitarbeiterinnen. Hat die geringere Anzahl von Frauen systematische Ursachen? Abstrakt gesprochen geht es bei dieser Frage darum, zu klären, wie sich $N = 246$ Personen auf $k = 2$ Kategorien verteilen.

Die Frage, ob Frauen in der Firma systematisch unterrepräsentiert sind, lässt sich in folgende statistische Hypothesen übersetzen: Ist bei der beobachteten Häufigkeitsverteilung von 134 zu 112 die Zahl der Männer überzufällig größer als die Zahl der Frauen (H_1: $f_m > f_w$)? Die Nullhypothese lautet entsprechend: Die Zahl der Männer ist nicht überzufällig größer (H_0: $f_m \leq f_w$). Es handelt sich um eine *gerichtete* Hypothese. Das Merkmal 'Geschlecht' ist *nominalskaliert*. Das α-Niveau für die Signifikanzprüfung, also die Wahrscheinlichkeit, mit der Annahme der H_1 einen α-Fehler zu begehen, wird entsprechend der Konvention auf 5% festgesetzt.

Statistische Hypothese

Was bedeutet die Aussage "Frauen sind unter- und Männer überrepräsentiert"? Welches Geschlechterverhältnis würde man erwarten, wenn dies nicht der Fall wäre? Theoretisch würde man ungefähr eine Gleichverteilung erwarten, da auf 100 neugeborene Jungen auch annähernd 100 Mädchen kommen. Für die Firma würde man bei einer Gleichverteilung $f_e = N / k$ also 246 / 2 = 123 Männer und 123 Frauen erwarten. Gegen eine solche Gleichverteilung sprechen die Abweichungen zwischen den beobachteten Häufigkeiten f_b (134; 112) und den erwarteten Häufigkeiten f_e (123; 123). Diese gehen in die Prüfgröße χ^2 ein.

Prüfgröße χ^2

Für jede Kategorie *j* wird die Differenz zwischen der beobachteten und der erwarteten Häufigkeit gebildet, quadriert und an der erwarteten Häufigkeit relativiert. Der χ^2-Wert ist die Summe dieser Werte über alle *k* Kategorien. Für die Geschlechtsverteilung in der Firma ergibt sich:

$$\chi^2 = \sum_{j=1}^{k} \frac{(f_{b(j)} - f_{e(j)})^2}{f_{e(j)}}$$

$$\chi^2 = \sum_{j=1}^{k} \frac{(f_{b(j)} - f_{e(j)})^2}{f_{e(j)}} = \frac{(134 - 123)^2}{123} + \frac{(112 - 123)^2}{123} = 1,967$$

Diese Größe folgt bei genügend großen Stichproben einer χ^2-Verteilung, die der Signifikanzprüfung zugrunde gelegt wird. χ^2-Verteilungen haben je nach *Freiheitsgraden* (*df* für *degrees of freedom*) eine andere Form (andere Werte). Deshalb sind vor der Signifikanzprüfung zunächst die Freiheitsgrade des Tests zu bestimmen. Die Freiheitsgrade spiegeln wider, wieviele Kategorien frei variierbare Häufigkeiten haben können bei fester Gesamtzahl an Messwerten. Im Beispiel der Geschlechtsverteilung kann bei einer Gesamtzahl

Freiheitsgrade
df = k − 1

		α-Niveau			
einseitiger Test		0,05	0,025	0,01	0,005
zweiseitiger Test		0,10	0,05	0,02	0,01
Freiheitsgrade *df*	1	2,71	3,84	5,41	6,63
	2	4,61	5,99	7,82	9,21
	3	6,25	7,81	9,84	11,34
	4	7,78	9,48	11,67	13,27
	5	9,24	11,07	13,39	15,09
	6	10,64	12,59	15,03	16,81

Kritische χ^2-Werte für verschiedene Freiheitsgrade und α-Niveaus

von 246 Personen genau *eine* der beiden Häufigkeiten frei variieren, zum Beispiel die Zahl der Männer. Steht diese fest, so ist die zweite Häufigkeit, die Zahl der Frauen, ebenfalls festgelegt. Die Prüfung der Geschlechtsverteilung mit $k = 2$ Kategorien hat also genau einen Freiheitsgrad. Allgemein betragen die Freiheitsgrade für ein k-fach gestuftes Merkmal $df = k - 1$.

Signifikanz-prüfung

Eine statistisch signifikante Abweichung zwischen erwarteten und beobachteten Häufigkeiten wird dann festgestellt, wenn der berechnete χ^2-Wert einen für die Art der Fragestellung (einseitig oder zweiseitig) und das gewünschte α-Niveau kritischen Wert übersteigt. Eine Reihe von kritischen χ^2-Werten sind in der Tabelle oben ausgewiesen.

Gemäß der χ^2-Verteilung mit einem Freiheitsgrad müsste ein ermittelter χ^2-Wert größer als 2,71 sein, damit der Häufigkeitsunterschied bei einem α-Niveau von 5% und einseitiger Fragestellung signifikant wird. Dies ist für den χ^2-Wert der Geschlechtsverteilung von 1,967 in der Firma nicht der Fall. Frauen sind also statistisch nicht signifikant unterrepräsentiert – zumindest bezogen auf die Gesamtbevölkerung mit einem ausgeglichenen Geschlechterverhältnis. In Bezug auf die Branche könnte das aber durchaus der Fall sein: Wenn in der Branche insgesamt nur 1/3 Männer, aber 2/3 Frauen beschäftigt sind, dann lägen die erwarteten Häufigkeiten unter der Nullhypothese bei 82 Männern und 164 Frauen, und es ergäbe sich ein χ^2 von 49,46. Welche Erwartungswerte dem Test zugrundeliegen, ist also eine wichtige Frage.

Ergebnis-darstellung

Als Ergebnis eines χ^2-Tests wird der χ^2-Wert dokumentiert, zusammen mit den Freiheitsgraden, der Stichprobengröße und der Wahrscheinlichkeit p, diesen oder einen größeren χ^2-Wert zu erhalten. Für das Beispiel könnte man also folgenden Ausdruck angeben: $\chi^2(1, N = 246) = 1{,}967; p > 0{,}05$. Statistikprogramme geben bei der Berechnung typischerweise den genauen p-Wert aus; dieser wird dann angegeben.

Will man nach der Power-Analyse optimale Stichprobengrößen ermitteln, so wird ein Maß für die Effektgröße ε benötigt. Für den eindimensionalen χ^2-Test wird ε analog zum χ^2-Wert berechnet, nur werden statt Häufigkeiten Wahrscheinlichkeiten eingesetzt.

Effektgröße ε

$$\varepsilon = \sqrt{\sum_{j=1}^{k} \frac{(\pi_{b(j)} - \pi_{e(j)})^2}{\pi_{e(j)}}}$$

Wird die Nullhypothese einer Gleichverteilung über die k Kategorien geprüft, so berechnet sich die erwartete Wahrscheinlichkeit π (sprich: pi) für eine Kategorie j als $\pi_{e(j)} = 1 / k$. Beim Geschlechterverhältnis etwa ist diese Wahrscheinlichkeit für beide Kategorien (männlich/weiblich) jeweils 1/2 (0,5). Die beobachtete Wahrscheinlichkeit der Kategorie j errechnet sich aus der Häufigkeit H_j in dieser Kategorie und der Zahl N der Personen als $\pi_{b(j)} = H_j / N$, im Geschlechterbeispiel also 134/246 (0,545) und 112/246 (0,455). Aus diesen Wahrscheinlichkeiten ergibt sich ein ε von 0,09:

$$\varepsilon = \sqrt{\sum_{j=1}^{k} \frac{(\pi_{b(j)} - \pi_{e(j)})^2}{\pi_{e(j)}}} = \sqrt{\frac{(0{,}545 - 0{,}5)^2}{0{,}5} + \frac{(0{,}455 - 0{,}5)^2}{0{,}5}} = 0{,}09$$

Es handelt sich um einen kleinen Effekt, der mit einer Stichprobe von 246 Personen gar nicht richtig nachweisbar gewesen wäre, wie die nachfolgende Auflistung optimaler Stichprobengrößen deutlich macht. Sie gelten für ein α-Niveau von 0,05 und eine Power von 0,8,

Freiheits-grade df	Kleiner Effekt (ε = 0,1)	Mittlerer Effekt (ε = 0,3)	Große Effekt (ε = 0,5)
1	785	87	31
2	964	107	39
3	1090	121	44
4	1194	133	48
5	1283	143	51
6	1362	151	54

Optimale Stichproben-größen bei α = 0,05, einer Power von 0,8 und ungerichteter Hypothese

allerdings für zweiseitige Tests. Es werden nur diese Werte dargestellt, weil χ^2-Tests mit mehr als einem Freiheitsgrad ohnehin nur *ungerichtete* Hypothesen prüfen können (siehe unten). Für den Geschlechtervergleich mit der *einseitigen* Fragestellung ist die Zahl der notwendigen Versuchsteilnehmer etwas niedriger. In diesem Fall hätte man (nach Cohen, 1988) rund 620 Personen gebraucht, um einen derart kleinen Effekt mit einer fairen Chance nachweisen zu können. Stichprobengrößen für andere α-Niveaus, Power-Werte und Freiheitsgrade findet man bei Cohen (1988) oder Bortz und Döring (2002) in Tabellen aufgelistet.

Voraussetzungen

Für den Einsatz des eindimensionalen χ^2-Tests müssen drei Voraussetzungen erfüllt sein:

- Jeder Wert muss in genau eine Kategorie fallen.

- Die einzelnen Werte müssen voneinander unabhängig sein.

- Der Anteil der erwarteten Häufigkeiten, die kleiner als 5 sind, sollte 20% nicht überschreiten.

Noch zwei Anmerkungen zum Schluss: Erstens, wie im Beispiel deutlich wurde, müssen die erwarteten Häufigkeiten für die k Kategorien nicht unbedingt einer Gleichverteilung entsprechen, sie müssen nur bekannt sein.

Zweitens, *gerichtete* Hypothesen können mit χ^2-Tests nur geprüft werden, wenn für die Freiheitsgrade $df = 1$ gilt. Nur bei genau zwei Kategorien kann der χ^2-Test zeigen, ob eine Kategorie häufiger als eine andere ist. Hat das Merkmal mehr als zwei Kategorien, so zeigt der Test nur, dass die beobachteten Häufigkeiten insgesamt nicht mit den erwarteten Häufigkeiten vereinbar sind. Welche der Kategorien aber häufiger als erwartet auftrat, kann nicht bestimmt werden.

z-Test

Beispiel

Stellen Sie sich vor, ein Verlag möchte folgende Frage untersuchen: "Sind die Abonnenten unserer Zeitschrift überdurchschnittlich intelligent"? Hierzu wurde eine Zufallsstichprobe von 81 Abonnenten untersucht und als abhängige Variable der Intelligenzquotient mit einem Intelligenztest bestimmt. Das arithmetische Mittel der IQ-Werte der Abonnenten lag bei $m_{\mathrm{Abo}} = 104$.

Statistische Hypothese

Intelligenztests sind so genormt, dass sie für die Gesamtpopulation einen Mittelwert von $\mu_{\mathrm{Pop}} = 100$ und eine Standardabweichung von $\sigma = 10$ haben. Die Frage, ob Zeitschriftenabonnenten intelligenter sind, lässt sich damit in folgende statistische Hypothesen übersetzen: Stammt der beobachtete Stichprobenmittelwert m_{Abo} aus einer Teilpopulation mit einem höheren IQ als in der Gesamtpopulation (H_1: $\mu_{Abo} > \mu_{Pop}$) oder nicht (H_0: $\mu_{Abo} \leq \mu_{Pop}$)? Es handelt sich um eine *gerichtete* Hypothese. IQ-Werte sind *intervallskaliert*. Weil sich der Verlag nicht blamieren möchte mit einem positiven Ergebnis, das sich später vielleicht als nicht haltbar herausstellen könnte, wird das α-Niveau für die Signifikanzprüfung auf 1% festgelegt.

Nach dem zentralen Grenzwerttheorem weiß man, dass die Verteilung von Stichprobenmittelwerten bei Gültigkeit der H_0 einer Normalverteilung entspricht mit Mittelwert μ und Standardfehler σ_m als Streuung (siehe Seite 93). Unterzieht man die Kennwertverteilung einer z-Transformation, so lässt sich der Stichprobenmittelwert $m_{Abo} = 104$ an der *Standardnormalverteilung* auf Signifikanz prüfen. Der Standardfehler des Mittelwerts σ_m braucht hierfür nicht geschätzt zu werden, da die Streuung der Population bekannt ist und der Standardfehler damit direkt berechnet werden kann (siehe Seite 94).

Prüfgröße z

Als z-Wert ergibt sich für den Mittelwert von $m_{Abo} = 104$:

$$z = \frac{m - \mu}{\sigma_m} = \frac{m - \mu}{\dfrac{\sigma}{\sqrt{n}}} = \frac{104 - 100}{\dfrac{10}{\sqrt{81}}} = \frac{4}{1,11} = 3,6$$

Anhand der Standardnormalverteilung wird nun die Wahrscheinlichkeit ermittelt, dass ein z-Wert zufällig größer als 3,6 ist. Einer entsprechenden Tabelle (Hays, 1994) kann man entnehmen, dass die Wahrscheinlichkeit $p(z \geq 3,6) = p(z \leq -3,6)$ kleiner als 0,00016 ist und damit auch kleiner als das gesetzte α-Niveau von $\alpha = 0,01$. Folglich ist der Unterschied mit einer Fehlerwahrscheinlichkeit von weniger als 1% statistisch signifikant. Man kann die Hypothese H_1 annehmen, dass die Abonnentenpopulation im Durchschnitt intelligenter ist als die Gesamtbevölkerung, $z = 3,6$; $p < 0,01$.

**Signifikanz-
prüfung**

Für die Effektgröße ε nach der Poweranalyse wird die Differenz der Populationsmittelwerte unter der Alternativ- und der Nullhypothese gebildet und an der geschätzten Standardabweichung relativiert (vergleiche Cohen, 1988).

Effektgröße ε

$$\varepsilon = \frac{\mu_1 - \mu_0}{\hat{\sigma}}$$

Für das Intelligenzbeispiel ergibt sich damit ein ε von:

$$\varepsilon = \frac{\mu_1 - \mu_0}{\hat{\sigma}} = \frac{104 - 100}{10} = 0,4$$

Optimale Stichproben-größen

Ein kleiner Effekt liegt bei $\varepsilon = 0,2$ vor, ein mittlerer Effekt bei $\varepsilon = 0,5$ und ein großer Effekt bei $\varepsilon = 0,8$. Da der z-Test mit dem t-Test (Seite 130) vergleichbar ist, lassen sich die optimalen Stichprobenumfänge dieses Tests verwenden. Anders als beim t-Test wird aber nur *ein* Populationswert empirisch geschätzt (μ_1). Dadurch hat man einen Vorteil, der sich in kleineren notwendigen Stichproben niederschlägt. Zur Ermittlung der Stichprobenumfänge anhand der Tabellen für den t-Test darf deshalb der Effekt um den Faktor 'Wurzel 2' aufgewertet werden: $\varepsilon' = \varepsilon \cdot \sqrt{2}$. Bei einer Power von 0,8 sind für ε' die folgenden Stichprobengrößen optimal:

α-Niveau	einseitiger Test	0,05	0,025	0,01	0,005
	zweiseitiger Test	0,10	0,05	0,02	0,01
$\varepsilon' = 0,2$		310	393	503	586
$\varepsilon' = 0,5$		50	64	82	95
$\varepsilon' = 0,8$		20	26	33	38

In der Stichprobe liegt ein knapp mittelgroßer Effekt vor ($\varepsilon = 0,4$), und mit $N = 81$ Teilnehmern konnte ein Effekt dieser Größe auch mit fast optimaler Chance gefunden werden ($\varepsilon' = 0,565$).

Voraus-setzungen

Damit der z-Test angewendet werden darf, müssen drei Voraussetzungen erfüllt sein:

• Die Daten müssen einer Zufallsstichprobe entstammen.

• Die abhängige Variable muss intervallskaliert sein.

• Die entsprechenden Populationswerte müssen bekannt sein.

6.2 Designs und Tests für Unterschiedshypothesen

Fragen wie "Ist Lehrmethode N1 besser als die alte Methode A" oder "Welchen Effekt löst Behandlung XY aus?" zielen darauf ab, dass bestimmte Maßnahmen Effekte hervorrufen, die ohne sie nicht entstanden wären. Wie lassen sich solche Effekte untersuchen und statistisch auswerten?

Zur Prüfung der Wirkung einer Maßnahme genügt es nicht, eine einzige Stichprobe zu erheben, die Maßnahme für alle Personen zu realisieren, und anschließend mit einer abhängigen Variablen deren Effekt zu testen. Im Lehrmethodenszenario hätte dies bedeutet, die Teilnehmer der Weiterbildung zum Beispiel ausschließlich nach der neuen Methode N2 zu unterrichten, um herauszufinden, ob sich dadurch die Lernleistung verbessert. Das Problem bei einem solchen Vorgehen ist, dass man nicht beurteilen kann, ob ein Effekt in der abhängigen Variablen auf die unabhängige Variable zurückgeht oder andere Ursachen hat – es fehlt eine Vergleichsgrundlage. Zeigen die Unterrichtsteilnehmer die guten Ergebnisse in den Behaltens- und Transferaufgaben, weil der didaktische Ansatz so effizient ist oder weil die Teilnehmer einiges an Vorwissen mitbrachten? Dieses Design hätte eine geringe *interne Validität*!

Eine Untersuchung ist *intern valide*, wenn potenzielle Störvariablen ausgeschlossen sind, sodass man Unterschiede in den erhobenen abhängigen Variablen eindeutig auf die unabhängigen Variablen zurückführen kann. Eine Stichprobenuntersuchung ist *extern valide*, wenn die Stichprobe und die Erhebungssituation "repräsentativ" sind, sodass man das Ergebnis auf andere Personen oder Situationen generalisieren kann.

Interne und externe Validität

Eine Möglichkeit zur Validitätserhöhung wäre, die abhängige Variable bereits *vor* der Realisierung der Maßnahme ein erstes Mal zu messen, um so ihr Ausgangsniveau zu bestimmen und den Effekt der Maßnahme an diesem Basiswert zu messen. Ein solches Design heißt *Messwiederholungsdesign*.

Messwiederholungsdesign

Im Kontext der Lehrmethodenstudie bedeutet dies, zunächst einen ersten Test mit Aufgaben vorzugeben, um das Vorwissen zu prüfen, danach die Teilnehmer nach der Methode N2 zu unterrichten und schließlich die Lernleistung zu testen. Man könnte dann beurteilen, ob die guten Abschlussergebnisse auf die Weiterbildung oder auf das Vorwissen der Personen zurückgehen.

Allerdings lösen reine Messwiederholungsdesigns das Problem der geringen internen Validität nicht, da häufig nicht eindeutig ist, ob Veränderungen vom Vor- zum Nachtest auf die Maßnahme selbst zurückgehen oder auf andere zeitabhängige Prozesse, wie zum Beispiel auf Lerneffekte durch den Vortest.

Wie also lassen sich die Effekte einer Maßnahme sinnvoll untersuchen und beurteilen? Dies wird durch ein Zwei-Gruppen-Design möglich.

Das Zwei-Gruppen-Design

Bei diesem Design vergleicht man *zwei* Teilstichproben von Personen. Bei der einen Gruppe (Experimentalgruppe) wird die unabhängige Variable in der Version realisiert, deren Effekt interessiert (Maßnahme uV_1), in der zweiten Gruppe (Kontrollgruppe) wird keine oder eine andere Maßnahme realisiert (uV_2). Man sagt auch, dass die unabhängige Variable ein *Faktor* mit zwei *Stufen* ist. Weil die Maßnahme zwischen den beiden Gruppen variiert, spricht man auch von einem *between-subject*-Design. Schließlich wird in beiden Gruppen die abhängige Variable erhoben, um den Effekt der Maßnahme zu messen.

Gruppe 1	Gruppe 2
uV$_1$	**uV$_2$**
aV	aV

Für den Lehrmethodenvergleich muss man also mindestens eine der neuen Lehrmethoden (uV$_1$) gegen die alte Variante (uV$_2$) testen und in beiden Gruppen die Lernleistung messen (aV), um herausfinden zu können, was die neue Lehrmethode bringt.

Ein Unterschied zwischen beiden Gruppen kann allerdings nur dann eindeutig auf die unabhängige Variable zurückgeführt werden, wenn sich beide Teilstichproben vor der Untersuchung nicht systematisch unterschieden haben. Wie kann dies gewährleistet werden? Diese Frage zielt auf die *Kontrolle von Störvariablen*.

Methoden zur Kontrolle von Störvariablen

Man unterscheidet zwei Arten von Störvariablen: solche, die auf Unterschiede zwischen Personen zurückgehen, und solche, die auf Unterschiede zwischen Situationen zurückgehen. Für die interne Validität einer Untersuchung ist es von entscheidender Bedeutung, dass es gelingt, alle potenziellen Störvariablen zu kontrollieren.

Kontrolle personengebundener Störvariablen

Verschiedene Möglichkeiten zur Kontrolle personengebundener Störvariablen sind:

- *randomisieren,*
- *konstant halten,*
- *parallelisieren,*
- als *Faktor* (als unabhängige Variable) *berücksichtigen* oder
- *rechnerisch kontrollieren.*

Das wichtigste Prinzip zur Kontrolle personengebundener Störvariablen ist die *Randomisierung*. Dazu erhebt man eine Stichprobe von Personen aus der interessierenden Population und verteilt die Personen *per Zufall* auf die beiden Untersuchungsgruppen. Dadurch ist gewährleistet, dass sich die Gruppen hinsichtlich aller Variablen, welche die Personen charakterisieren, zumindest nicht systematisch unterscheiden. Ist es gelungen, eine repräsentative Stichprobe für die Population zu erheben, so ist die externe Validität gewährleistet und die Ergebnisse können auf die Population generalisiert werden (zumindest für die untersuchte Situation). Aber selbst dann, wenn keine repräsentative Stichprobe gelingt, sorgt die Randomisierung dafür, dass zumindest die interne Validität der Untersuchung gewährleistet ist.

Randomisierung

Ein Zwei-Gruppen-Design hat damit bereits alle Merkmale, die ein echtes Experiment auszeichnen:

Echtes Experiment

- eine systematische Variation einer unabhängigen Variablen,

- die Auswahl einer Zufallsstichprobe von Personen und

- ihre zufällige Verteilung auf die Gruppen (Randomisierung).

Randomisierung setzt voraus, dass man die Ausprägungen der unabhängigen Variablen gezielt "herstellen" kann, also zum Beispiel die didaktischen Prinzipien in Lehrmethoden umsetzen kann. Manchmal ist dies nicht möglich. Sind Schüler des Modern-Gymnasiums, welches eine neue Physik-Lehrmethode einsetzt, entsprechend besser in Physik als Schüler des Traditio-Gymnasiums? Die Zuordnung der Schüler zu den Schulen erfolgt keineswegs zufällig, sondern eher nach Vorlieben der Eltern. Untersuchungen, bei denen solche "natürlichen" Gruppen verglichen werden, nennt man *quasi-experimentell*. Die interne Validität, das heißt die Kontrolle von Störvariablen, ist dabei nicht so hoch wie bei einem echten Experiment, weil man systematische Gruppenunterschiede schon zu Beginn der Untersuchung nicht ausschließen kann.

Quasi-Experiment

Störvariablen gefährden die interne Validität einer Untersuchung nur dann, wenn sie mit der unabhängigen Variablen konfundiert sind. Hält man die Ausprägung einer möglichen Störvariable über alle Gruppen konstant, so entfällt diese Konfundierung. Beim Vergleich des Modern-Gymnasiums mit dem Traditio-Gymnasium könnte man vermuten, dass Eltern aus der Oberschicht ihre Kinder eher auf das Traditio-Gymnasium schicken. Soziale Schicht wäre also mit dem Schultyp konfundiert. Wenn man in beiden Schulen nur Schüler *einer* bestimmten Schicht untersucht, hätte die Variable "Schicht" keinen Einfluss mehr.

Konstant halten

**Paralleli-
sieren**

Zwei Gruppen zu parallelisieren bedeutet, die Untersuchungsteilnehmer so auszuwählen, dass eine Störvariable in beiden Gruppen
gleich verteilt ist. Dies lässt sich zum Beispiel durch *matched samples* erreichen. Dabei werden immer Paare von Personen mit derselben Ausprägung der Störvariablen den Untersuchungsgruppen
zufällig zugewiesen. Im Lehrmethodenvergleichsszenario etwa
wurde darauf geachtet, dass sich die Personen in den verschiedenen
Gruppen im Vorwissen nicht unterscheiden. Das Vorwissen wurde
mit einem Vortest gemessen. Dann wurden je drei Teilnehmer mit
gleichem Ergebnis zufällig auf die drei Lehrmethoden verteilt mit
dem Resultat, dass alle drei Gruppen in Bezug auf die Vorkenntnisse parallel waren (vergleiche Tabelle auf Seite 62).

**Zusätzlicher
Faktor**

Ist man inhaltlich an dem Effekt interessiert, den eine Störvariable auf die abhängige Variable hat, so kann man die Störvariable
als weiteren *Faktor*, das heißt als weitere unabhängige Variable,
gezielt in die Untersuchung aufnehmen. Man erhält dadurch ein
mehrfaktorielles Untersuchungsdesign und kann gleichzeitig die
Auswirkung dieser Variable untersuchen. Solche Designs werden
später in diesem Kapitel erläutert.

**Rechnerische
Kontrolle**

Bei der *rechnerischen Kontrolle* personengebundener Störvariablen schließlich werden diese Variablen gemessen; später wird ihr
Einfluss dann statistisch herausgerechnet.

**Kontrolle
situations-
bedingter
Störvariablen**

Neben personengebundenen Störvariablen gefährden auch Störvariablen die interne Validität einer Untersuchung, welche die *Untersu-
chungssituation* betreffen. In einer Untersuchung soll zum Beispiel
die Bedienbarkeit zweier Internet-Portale experimentell verglichen
werden. Aus untersuchungstechnischen Gründen steht der einen
Gruppe ein Computer mit einem 10 Megabit schnellen Netzzugang
zur Verfügung, der anderen Gruppe aber ein 100 Megabit schneller
Zugang. Folglich ist die unabhängige Variable 'Portal' mit der
Übertragungsrate des Netzzugangs konfundiert, sodass eine Unzu-
friedenheit mit dem Portal, das über den 10-Megabit-Zugang
erreicht wird, auf den langsameren Datenzugriff zurückgehen
könnte.

Solche Störvariablen kann man nicht durch Randomisierung in
den Griff bekommen. Wenn möglich sollten situationsbedingte
Störvariablen *ausgeschaltet* werden; ansonsten kann man sie kontrollieren, indem man sie *konstant hält* oder als *Faktor* (als weitere
unabhängige Variable) in der Untersuchung berücksichtigt.

Es folgen zwei statistische Testverfahren, die bei Zwei-Gruppen-Designs angewendet werden:

- der Vier-Felder-χ^2-Test für den Vergleich von Häufigkeiten zweier dichotomer, nominalskalierter Merkmale und
- der t-Test für den Vergleich zweier Stichprobenmittelwerte aus unabhängigen Stichproben.

Vier-Felder-χ^2

Eine Dozentin hat in zwei Kursen einen Lernkontrolltest durchgeführt und nach der Auswertung ausgezählt, wieviele Kursteilnehmer den Test bestanden haben beziehungsweise durchgefallen sind. Unterscheiden sich die Kurse im Leistungsniveau?

Beispiel

Ergebnisse	Kurs A	Kurs B	Summe
bestanden	40 (a)	20 (b)	60 (A)
durchgefallen	8 (c)	12 (d)	20 (B)
Summe	48 (C)	32 (D)	80 (N)

Die Prüfung des Häufigkeitsunterschieds erfolgt wie beim eindimensionalen χ^2-Test durch Vergleich der beobachteten Häufigkeiten f_b mit erwarteten Häufigkeiten f_e. Allerdings sind für die Erwartungswerte keine theoretischen Werte vorgeben. Sie müssen aus den Daten bestimmt werden. Der Erwartungswert eines Feldes, zum Beispiel Feld (a), lässt sich aus seinen Randsummen berechnen: Man multipliziert die Randsumme der Zeile des Feldes mit der Randsumme der Spalte und dividiert durch die Gesamtzahl N. Für Feld (a) ergibt sich so $f_e = (60 \cdot 48) / 80 = 36$. Die Erwartungswerte für alle Zellen sind in der nachfolgenden Tabelle wiedergegeben.

Statistische Hypothesen

Was bedeuten die so berechneten Erwartungswerte? Sie repräsentieren, dass beide Merkmale *unabhängig* voneinander sind. Es gilt für beide Kurse ein Verhältnis "bestanden" zu "durchgefallen" von 60 zu 20 (3 : 1) und gleichzeitig für beide Kursergebnisse das Verhältnis der Kursgrößen zueinander von 48 zu 32 (3 : 2) entsprechend der Randsummen.

Erwartungswerte	Kurs A	Kurs B	Summe
bestanden	**36** (a)	**24** (b)	60 (A)
durchgefallen	**12** (c)	**8** (d)	20 (B)
Summe	48 (C)	32 (D)	80 (N)

Die Frage, ob einer der beiden Kurse besser als der andere abgeschnitten hat, lautet vor diesem Hintergrund: Ist die beobachtete Häufigkeitsverteilung mit der Unabhängigkeit der Merkmale vereinbar (H_0), oder ist der Anteil bestandener Tests in einem Kurs überzufällig größer als der erwartete Wert (H_1)? Es handelt sich um eine *ungerichtete* Hypothese. Das Merkmal 'Testergebnis' ist *nominalskaliert*, und das α-Niveau sei auf 5% festgesetzt.

Prüfgröße χ^2

Der χ^2-Wert wird analog zum eindimensionalen Fall berechnet, diesmal als Summe über die $j = 4$ Felder a, b, c und d. Eine vereinfachte Rechenformel kommt ohne die Bestimmung der erwarteten Häufigkeiten aus; man benötigt nur die beobachteten Häufigkeiten und die Randsummen des Vier-Felder-Schemas. Für die Kursergebnisse ergibt sich danach folgender Wert:

$$\chi^2 = \sum_{j=1}^{4} \frac{(f_{b(j)} - f_{e(j)})^2}{f_{e(j)}}$$

$$\chi^2 = \frac{N \cdot ((a \cdot d) - (b \cdot c))^2}{A \cdot B \cdot C \cdot D}$$

$$\chi^2 = \frac{N \cdot ((a \cdot d) - (b \cdot c))^2}{A \cdot B \cdot C \cdot D} = \frac{80 \cdot ((40 \cdot 12) - (20 \cdot 8))^2}{60 \cdot 20 \cdot 48 \cdot 32} = 4{,}4$$

Freiheitsgrade
$df = 1$

Auch hier stellt sich die Frage nach den *Freiheitsgraden* des Tests. Wieviele Werte können frei variieren? Wenn bei einer fixen Gesamtzahl N von Beobachtungen die Randsummen beliebig wären, dann könnten die Häufigkeiten von drei der vier zentralen Felder frei variieren und nur das vierte Feld wäre determiniert ($df = 3$). Da man aber in diesem Fall auch die Randsummen fix hält, um die Erwartungswerte daraus zu schätzen, kann nur noch *genau eine* Häufigkeit frei variieren, die anderen drei lassen sich dann berechnen. Deshalb gilt für ein Vier-Felder-χ^2 mit aus den Randsummen geschätzten Erwartungswerten $df = 1$.

Die Signifikanzprüfung erfolgt wie im eindimensionalen Fall auf der Grundlage der χ^2-Verteilung. Gemäß der χ^2-Verteilung mit einem Freiheitsgrad müsste ein empirisch ermittelter χ^2-Wert mindestens größer als 3,84 sein, damit er bei einem α-Niveau von $\alpha = 0,05$ und *zweiseitiger* Fragestellung signifikant wird (siehe Tabelle Seite 118). Dies ist für den χ^2-Wert der Kursergebnisse der Fall. Die Kurse unterscheiden sich also statistisch bedeutsam, χ^2 (1, $N = 80$) = 4,4; $p < 0,05$.

Signifikanz-prüfung

Das Vier-Felder-χ^2 lässt sich verallgemeinern zum $(k \cdot l)$-χ^2. Dabei wird die Häufigkeitsverteilung von zwei *mehrfachgestuften* nominalskalierten Variablen geprüft, eine mit k und eine mit l Stufen. Die Freiheitsgrade für ein $(k \cdot l)$-χ^2 mit aus den Daten geschätzten Erwartungswerten sind $df = (k - 1) \cdot (l - 1)$.

$(k \cdot l)$-χ^2

Die Effektgröße ε wird analog zum eindimensionalen Test bestimmt, es gelten auch die dort angegebenen optimalen Stichprobenumfänge (siehe Tabelle Seite 119).

$$\varepsilon = \sqrt{\sum_{i=1}^{k} \sum_{j=1}^{l} \frac{(\pi_{b(ij)} - \pi_{e(ij)})^2}{\pi_{e(ij)}}}$$

Effektgröße ε und optimale Stichproben-größen

Wie groß ist der Effekt ε im Unterrichtsbeispiel? Die beobachtete Wahrscheinlichkeit π_b für die Zelle (a) des Vierfelderschemas berechnet sich aus der beobachteten Häufigkeit in diesem Feld (40) und der Gesamtzahl der Werte (80) und beträgt 40/80 = 0,5. Die erwartete Wahrscheinlichkeit bestimmt man analog aus der Tabelle mit den Erwartungswerten; sie beträgt 36/80 = 0,45. Diese Werte gehen in den ersten Summanden ein. Die Wahrscheinlichkeiten für die anderen Summanden bestimmt man analog. Insgesamt ergibt sich damit der folgende Wert für ε:

$$\varepsilon = \sqrt{\frac{(0,5 - 0,45)^2}{0,45} + \frac{(0,25 - 0,3)^2}{0,3} + \frac{(0,1 - 0,15)^2}{0,15} + \frac{(0,15 - 0,1)^2}{0,1}}$$

$$= \sqrt{0,0555} = 0,236$$

Mit den ingesamt 80 Teilnehmern bestand eine nahezu optimale Chance, einen mittleren Effekt von $\varepsilon = 0,3$ nachzuweisen (siehe Seite 119). Der Effekt, obwohl signifikant, ist allerdings nicht ganz so groß.

**Voraus-
setzungen**

Für die Anwendung des Vier-Felder-χ^2-Tests gelten dieselben Voraussetzungen wie beim eindimensionalen χ^2-Test:

- Jeder Wert muss in genau eine Kategorie fallen.
- Die einzelnen Werte müssen voneinander unabhängig sein.
- Die erwarteten Häufigkeiten dürfen nicht kleiner als 5 sein.

t-Test

Beispiel

Ein Dozent hat in einem Kurs A mit 33 Teilnehmern und in einem Kurs B mit 35 Teilnehmern einen Lernkontrolltest mit 20 Aufgaben durchgeführt und jeweils die Zahl gelöster Aufgaben bestimmt. Bei früheren Tests war Kurs A immer deutlich besser als Kurs B. Ist das auch diesmal der Fall? Die Mittelwerte m und die Standardabweichungen s fielen in den beiden Kursen wie folgt aus:

$$\begin{array}{llll} \text{Kurs A:} & m_A = 16{,}67 & s_A = 2{,}300 & n_A = 33 \\ \text{Kurs B:} & m_B = 15{,}00 & s_B = 2{,}351 & n_B = 35 \end{array}$$

**Statistische
Hypothesen**

Die Frage, ob Kurs A besser als Kurs B ist, bedeutet nun: Stammen die Mittelwerte m_A und m_B aus Populationen, für die $\mu_A > \mu_B$ gilt (H_1), oder stammen sie aus Populationen, für die dies nicht der Fall ist (H_0: $\mu_A \leq \mu_B$)? Es handelt sich um eine *gerichtete* Hypothese. Das Merkmal 'Testergebnis' ist diesmal *verhältnisskaliert*. Das α-Niveau legt der Dozent auf 5% fest.

Prüfgröße *t*

$$t = \frac{m_A - m_B}{\hat{\sigma}_{(m_A - m_B)}}$$

Als Prüfgröße wird ähnlich wie beim z-Test die Differenz der Mittelwerte m_A und m_B herangezogen, relativiert am (geschätzten) Standardfehler dieser Differenzen $\hat{\sigma}(m_A - m_B)$. Für kleine Stichproben mit $n_A + n_B < 50$ folgt diese Größe einer t-Verteilung.

Freiheitsgrade

Die Form der t-Verteilung hängt wie die der χ^2-Verteilung von den Freiheitsgraden der Untersuchung ab. Sie werden aus der Größe der Teilstichproben berechnet: $df = (n_A - 1) + (n_B - 1)$. Bei Gültigkeit der Nullhypothese hat die Kennwertverteilung der Mittelwertsdifferenzen den Erwartungswert 0, das heißt die Mittelwerte m_A und m_B unterscheiden sich nicht. Für größere Stichproben geht die t-Verteilung in eine Normalverteilung über. Schon für Sichproben von $n_A + n_B > 50$ entspricht die t-Verteilung annähernd der Normalverteilung.

Für den Vergleich der beiden Kursergebnisse ergibt sich ein geschätzter Standardfehler der Differenzen von 0,565 und damit ein t-Wert von:

$$t = \frac{m_A - m_B}{\hat{\sigma}_{(m_A - m_B)}} = \frac{16,67 - 15}{0,565} = 2,956$$

Gemäß der t-Verteilung mit $df = (33 - 1) + (35 - 1) = 66$ Freiheitsgraden müsste ein empirisch ermittelter t-Wert $\geq 1,67$ sein, damit er bei einem α-Niveau von 0,05 und *einseitiger* Fragestellung signifikant wird (Bortz, 1999). Dies ist für den t-Wert der Kursergebnisse der Fall. Kurs A ist also auch diesmal signifikant besser als Kurs B, $t(66) = 2,956$; $p < 0,05$.

Signifikanz-prüfung

Die Effektgröße ε wird analog zur Effektgröße beim z-Test berechnet (vergleiche Seite 121) aus den Differenzen der Populationsmittelwerte und der geschätzten Standardabweichung der Population. Für kleine, mittlere und große Effekte gelten bei einer Power von 0,8 die folgenden optimalen Stichprobengrößen (für jede der Teilstichproben $n_A = n_B$):

$$\varepsilon = \frac{\mu_A - \mu_B}{\hat{\sigma}}$$

Effektgröße ε und optimale Stichproben-größen

α-Niveau einseitiger Test	0,05	0,025	0,01	0,005
zweiseitiger Test	0,10	0,05	0,02	0,01
Kleiner Effekt ($\varepsilon = 0,2$):	310	393	503	586
Mittlerer Effekt ($\varepsilon = 0,5$):	50	64	82	95
Großer Effekt ($\varepsilon = 0,8$):	20	26	33	38

Für die Anwendung des t-Test für unabhängige Gruppen müssen drei Voraussetzungen erfüllt sein:

Voraus-setzungen

• Die beiden Teilstichproben müssen voneinander unabhängig sein.

• Bei kleinen Stichproben ($n < 30$) müssen die Populationen bezüglich des Merkmals normalverteilt sein.

• Die Varianzen in den beiden Teilstichproben müssen homogen (das heißt annähernd gleich) sein.

Manchmal vergleicht man Mittelwerte, die nicht aus unabhängigen Gruppen stammen. Dies ist der Fall bei Messwiederholungsdesigns (Vergleich eines Vortests mit einem Nachtest) oder bei *matched samples* parallelisierter Stichproben. In diesen Fällen ist der t-Test für *abhängige* Gruppen anzuwenden. Betrachtet werden in diesem Fall nicht mehr die Mittelwerte aus beiden Gruppen unabhängig voneinander, sondern die Differenzwerte der zueinander gehören-

t-Test für abhängige Stichproben

den *Messwertpaare*. Das bedeutet aber, dass als Stichprobengröße N nicht mehr die Zahl aller einzelnen Messwerte eingeht, sondern die Zahl der Messwertpaare. Dies hat Auswirkungen auf die Schätzung des Standardfehlers und die Freiheitsgrade des Tests.

Mehr-Gruppen-Designs

Unterschiedshypothesen, die sich auf mehr als zwei Stufen einer unabhängigen Variablen (zwei Maßnahmen) beziehen, werden mit einem *Mehr-Gruppen-Design* untersucht. Das Vorgehen entspricht dem des Zwei-Gruppen-Designs.

Man erhebt eine Zufallsstichprobe von N Personen aus der interessierenden Population und verteilt davon je n Personen zufällig (randomisiert) auf die k zu untersuchenden Gruppen. Dabei ist es vorteilhaft, wenn alle Gruppen dieselbe Zahl von Personen umfassen. Jeder Gruppe ist eine Maßnahme zugeordnet, also eine Ausprägung uV_k der unabhängigen Variablen. Dann wird die abhängige Variable erhoben, um den Effekt der Maßnahmen zu messen.

Gruppe 1	Gruppe 2	...	Gruppe k
uV_1	uV_2	...	uV_k
aV	aV	...	aV

Bezüglich der Kontrolle von Störvariablen gilt dasselbe wie für das Zwei-Gruppen-Design (siehe Seite 124). Mehr-Gruppen-Designs sind auch für quasi-experimentelle Untersuchungen einsetzbar. Statt verschiedene Maßnahmen aktiv zu realisieren und Personen diesen Maßnahmen randomisiert zuzuweisen, werden dann "natürliche" Gruppen verglichen.

Zur statistischen Auswertung von Mehr-Gruppen-Designs können bei einer *nominalskalierten* abhängigen Variablen, das heißt bei Häufigkeitsdaten, die bereits beschriebenen χ^2-Verfahren eingesetzt werden, der eindimensionale χ^2-Test oder der $(k \cdot l)$-χ^2-Test. Für die Prüfung von Mittelwertsunterschieden einer intervall- oder verhältnisskalierten abhängigen Variablen wird die so genannte *einfaktorielle Varianzanalyse* verwendet.

Einfaktorielle Varianzanalyse

Im Lehrmethodenvergleichsszenario soll geprüft werden, ob die beiden neuen Lehrmethoden N1 und N2 zu einem besseren Lernerfolg führen als die alte Methode A. Jeder Teilnehmer hatte am Ende des Kurses unter anderem 10 Transferaufgaben bearbeitet mit den unten aufgeführten Ergebnissen (vergleiche Tabelle Seite 62).

Die Varianzanalyse prüft die Nullhypothese, dass sich Personen, die nach den drei verschiedenen Methoden unterrichtet wurden, in ihrer Fähigkeit zur Lösung der Transferaufgaben nicht unterscheiden (H_0: $\mu_{N1} = \mu_{N2} = \mu_A$). Die Alternativhypothese ist bei einer Varianzanalyse *immer ungerichtet* und besagt, dass sich die Mittelwerte von mindestens zwei Methoden X und Y unterscheiden (H_1: $\mu_X \neq \mu_Y$) – offen bleibt, welche Methoden das sind. Dies kann anschließend mit speziellen Tests geprüft werden, wenn die Varianzanalyse ein signifikantes Ergebnis ausweist. Das α-Niveau sei auf 0,01 festgelegt, um die Wahrscheinlichkeit einer Fehlentscheidung zu Gunsten einer unwirksamen Methode klein zu halten.

Weil die Varianzanalyse ein sehr gebräuchliches Verfahren ist, soll im Folgenden das Grundprinzip, dem alle verschiedenen Varianten dieses Verfahrens folgen, Schritt für Schritt am Beispiel des Lehrmethodenvergleichsszenarios erläutert werden.

Wie kann man prüfen, ob sich die mittleren Lösungshäufigkeiten in den Transferaufgaben zwischen den drei Gruppen unterscheiden? Die Grundidee der Varianzanalyse ist folgende: Man bestimmt die Varianz, die auf die unabhängige Variable zurückgeht – also auf die

Methode	A	N1	N2
	5	3	7
	4	4	8
	1	4	6
	4	5	9
Zahl gelöster	5	5	6
Transferaufgaben	4	2	7
	4	4	8
	3	3	6
	4	4	7
	5	3	7
Mittelwert m$_{\text{Methode}}$	3,9	3,7	7,1

Mittelwertsunterschiede durch die drei Lehrmethoden – und vergleicht sie mit der Varianz, die sich durch alle sonstigen Fehlereinflüsse ergibt. Ist die Varianz aufgrund der Lehrmethoden deutlich größer als die Fehlervarianz, dann wird die H_0 verworfen zu Gunsten der Alternativhypothese H_1, dass die drei Lehrmethoden zu unterschiedlichen Lernerfolgen führen.

1. Schritt: Gesamtvarianz

$$\frac{\sum\limits_{i=1}^{n}(x_i - m_{gesamt})^2}{N-1} \quad \genfrac{}{}{0pt}{}{QS}{df}$$

Wie groß ist die Gesamtvarianz aller Messwerte? Die Varianz berechnet man aus der Summe der quadrierten Abweichungen zwischen den Messwerten und dem Gesamtmittelwert (Quadratsumme QS_{gesamt}) dividiert durch $N-1$ (siehe Seite 70). Der Nenner dieses Bruchs entspricht den Freiheitsgraden df_{gesamt} für eine stichprobenbasierte Varianzschätzung.

Für die Transferaufgaben aus dem Lehrmethodenvergleich ergeben sich die in der nachfolgend dargestellten Tabelle aufgelisteten quadrierten Abweichungen und Quadratsummen. Die quadrierten Abweichungen in der ersten Zeile berechnet man aus dem Messwert x_i jeder Person und dem Gesamtmittelwert 4,9: Für Methode A erhält man $(5 - 4{,}9)^2 = 0{,}01$, für N1 $(3 - 4{,}9)^2 = 3{,}61$ und für Methode N2 $(7 - 4{,}9)^2 = 4{,}41$. Die Gesamtvarianz wird aus der Gesamtquadratsumme $QS_{gesamt} = 22{,}9 + 22{,}5 + 57{,}3 = 102{,}7$ und den Freiheitsgraden $df_{gesamt} = N - 1 = 29$ gebildet und beträgt $\hat{\sigma}^2_{gesamt} = 102{,}7 / 29 = 3{,}54$.

Grundgleichungen

Die zentrale Frage lautet nun: Wie groß ist die Varianz, die allein auf die unabhängige Variable zurückgeht oder, wie man auch sagt, auf das *Treatment* der drei Lehrmethoden? Zur Bestimmung dieser Varianz werden die Quadratsumme QS_{gesamt} und die Freiheitsgrade df_{gesamt} in zwei Teile aufgespalten, in einen Treatmentanteil und einen Fehleranteil:

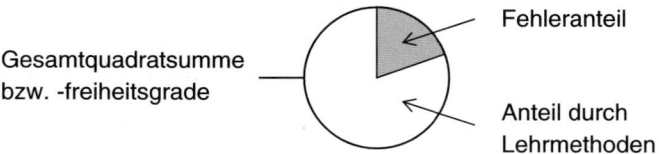

Gesamtquadratsumme bzw. -freiheitsgrade

Fehleranteil

Anteil durch Lehrmethoden

Diese Anteile sind additiv. Es gilt:

$$QS_{gesamt} = QS_{Treatment} + QS_{Fehler}$$
$$df_{gesamt} = df_{Treatment} + df_{Fehler}$$

Methode	Messwerte x_i			$(x_i - m_{gesamt})^2$			
	A	N1	N2	A	N1	N2	
	5	3	7	0,01	3,61	4,41	Quadrat-
	4	4	8	0,81	0,81	9,61	summen zur
	1	4	6	15,21	0,81	1,21	Bestimmung
	4	5	9	0,81	0,01	16,81	der Gesamt-
	5	5	6	0,01	0,01	1,21	varianz
	4	2	7	0,81	8,41	4,41	
	4	4	8	0,81	0,81	9,61	
	3	3	6	3,61	3,61	1,21	
	4	4	7	0,81	0,81	4,41	
	5	3	7	0,01	3,61	4,41	
$m_{Methode}$	3,9	3,7	7,1	Quadratsummen			
$m_{gesamt} = 4,9$				22,90	22,50	57,30	

Wie müssten die Messwerte aussehen, wenn sie *allein* auf die Unterschiede in der unabhängigen Variablen zurückgehen würden, also im Beispiel ausschließlich auf die drei Lehrmethoden? Die beste Schätzung für den Messwert einer Person, wenn allein die unabhängige Variable wirken würde, ist der Mittelwert der jeweiligen Faktorstufe. Zur Berechnung der Treatmentvarianz wird also für jede Person die mittlere Lösungshäufigkeit ihrer Gruppe $m_{Methode}$ bei der Bearbeitung der Transferaufgaben eingesetzt.

2. Schritt: Treatmentvarianz

Die geschätzte Treatmentvarianz ergibt sich aus der Summe der quadrierten Abweichungen vom Gesamtmittelwert (Quadratsumme $QS_{Treatment}$), dividiert durch die Freiheitsgrade der Varianz. Wieviele Freiheitsgrade hat diese Varianz? Diesmal sind es nicht die Werte der Personen, die frei variieren können, sondern allein die Mittelwerte in den Stufen der unabhängigen Variable. Bei k Kategorien können bei fixem Gesamtmittelwert alle Gruppenmittelwerte bis auf einen frei variieren; folglich sind die Freiheitsgrade $df_{Treatment} = k - 1$.

Für die Transferaufgaben aus dem Lehrmethodenvergleich ergeben sich die in der nachfolgenden Tabelle aufgelisteten quadrierten Abweichungen und Quadratsummen. Für Methode A erhält man die quadrierte Abweichung von $(3,9 - 4,9)^2 = 1,0$, für Methode N1 $(3,7 - 4,9)^2 = 1,44$ und für Methode N2 $(7,1 - 4,9)^2 = 4,84$. Diese

	x_i nach Treatment			$(x_i - m_{gesamt})^2$		
Methode	A	N1	N2	A	N1	N2
	3,9	3,7	7,1	1,00	1,44	4,84
	3,9	3,7	7,1	1,00	1,44	4,84
	3,9	3,7	7,1	1,00	1,44	4,84
	3,9	3,7	7,1	1,00	1,44	4,84
	3,9	3,7	7,1	1,00	1,44	4,84
	3,9	3,7	7,1	1,00	1,44	4,84
	3,9	3,7	7,1	1,00	1,44	4,84
	3,9	3,7	7,1	1,00	1,44	4,84
	3,9	3,7	7,1	1,00	1,44	4,84
	3,9	3,7	7,1	1,00	1,44	4,84
$m_{Methode}$	3,9	3,7	7,1	Quadratsummen		
	$m_{gesamt} = 4,9$			10,00	14,40	48,40

Quadratsummen zur Bestimmung der Treatmentvarianz (left margin label)

Schätzwerte sind für alle Personen gleich. Die Treatment-quadratsumme beträgt $QS_{Treatment} = 10,0 + 14,4 + 48,4 = 72,8$. Bei $df_{Treatment} = k - 1 = 3 - 1 = 2$ Freiheitsgraden ist die Treatment-varianz $\hat{\sigma}^2_{Treatment} = 72,8 / 2 = 36,4$.

3. Schritt: Fehlervarianz

Der Treatmentvarianz, die auf die unabhängige Variable *Lehrme-thode* zurückgeht, steht die Fehlervarianz gegenüber, die durch alle möglichen Störfaktoren zustandekommt, zum Beispiel durch die unterschiedliche Tagesform der Personen oder den Messfehler. Mit dem Ausdruck 'Fehler' wird der Teil der individuellen Messwerte x_i bezeichnet, der durch den jeweiligen Gruppenmittelwert noch nicht "erklärt" ist, also die Differenz $x_i - m_{Methode}$. Eine Person, die nach Lehrmethode N1 unterrichtet wurde und im Test $x_i = 3$ Transferauf-gaben gelöst hat, weicht um $-0,7$ vom Gruppenmittelwert $m_{Methode} = 3,7$ ab (quadriert also: 0,49). Im Durchschnitt sind diese Fehler in jeder Gruppe Null, dennoch streuen sie um diesen Wert.

Die geschätzte Fehlervarianz ergibt sich aus der Summe der qua-drierten Abweichungen vom jeweiligen Gruppenmittelwert (Qua-dratsumme QS_{Fehler}) dividiert durch die Freiheitsgrade. Von den Gesamtfreiheitsgraden von $N - 1$ sind durch die Treatmentvarianz bereits $k - 1$ "verbraucht", der Rest verbleibt für die Fehlervarianz. Bei k Teilgruppen mit jeweils n Teilnehmern sind das: $df_{Fehler} = k \cdot (n - 1)$ Freiheitsgrade.

Methode	$x_i - m_{\text{Methode}}$			$(x_i - m_{\text{Methode}})^2$			
	A	N1	N2	A	N1	N2	
	1,1	−0,7	−0,1	1,21	0,49	0,01	Quadrat-summen zur Bestimmung der Fehler-varianz
	0,1	0,3	0,9	0,01	0,09	0,81	
	−2,9	0,3	−1,1	8,41	0,09	1,21	
	0,1	1,3	1,9	0,01	1,69	3,61	
	1,1	1,3	−1,1	1,21	1,69	1,21	
	0,1	−1,7	−0,1	0,01	2,89	0,01	
	0,1	0,3	0,9	0,01	0,09	0,81	
	−0,9	−0,7	−1,1	0,81	0,49	1,21	
	0,1	0,3	−0,1	0,01	0,09	0,01	
	1,1	−0,7	−0,1	1,21	0,49	0,01	
m_{Fehler}	0	0	0	Quadratsummen			
				12,90	8,10	8,90	

Für das Lehrmethodenbeispiel ergeben sich die in der Tabelle oben aufgelisteten Fehlerwerte und Quadratsummen. Die Fehler-quadratsumme beträgt $QS_{\text{Fehler}} = 12{,}9 + 8{,}1 + 8{,}9 = 29{,}9$. Bei $df_{\text{Fehler}} = k \cdot (n - 1) = 3 \cdot 9 = 27$ Freiheitsgraden ist die Fehlervarianz $\hat{\sigma}^2_{\text{Fehler}} = 29{,}9 / 27 = 1{,}11$.

Zum Schluss ist noch zu prüfen, ob die Treatmentvarianz, die auf die Mittelwertsunterschiede in der unabhängigen Variable zurückgeht, groß genug ist, um die Nullhypothese "Es gibt keine Unterschiede" zurückzuweisen.

Dazu wird die Treatmentvarianz an der Fehlervarianz relativiert (siehe unten). Die resultierende Größe folgt einer so genannten F-Verteilung. Wenn die Nullhypothese gilt, dass es keine Mittelwertsunterschiede zwischen den Gruppen gibt, dann ist die Treatmentvarianz eine erwartungstreue Schätzung der Fehlervarianz. In diesem Fall würde man also einen F-Wert von 1 erwarten. Gilt dagegen die Alternativhypothese, dann ist die Treatmentvarianz größer als die Fehlervarianz, und man würde $F > 1$ erwarten.

Prüfgröße F

$$F = \frac{\hat{\sigma}^2_{Treatment}}{\hat{\sigma}^2_{Fehler}}$$

Freiheitsgrade   Auch die konkreten Werte der F-Verteilung hängen von den Freiheitsgraden ab. Zu berücksichtigen sind die Freiheitsgrade des Zäh-
lers $df_{\text{Treatment}} = k - 1$ sowie die Freiheitsgrade des Nenners
$df_{\text{Fehler}} = k \cdot (n - 1)$. Für das Beispiel ergibt sich ein F-Wert von:

$$F = \frac{\hat{\sigma}^2_{Treatment}}{\hat{\sigma}^2_{Fehler}} = \frac{36,4}{1,11} = 32,79$$

Dabei hat der Zähler dieses Bruches $k - 1 = 2$ Freiheitsgrade und der
Nenner $k \cdot (n - 1) = 27$ Freiheitsgrade.

Signifikanz- Damit ein F-Wert mit 2 Zählerfreiheitsgraden und 27 Nennerfrei-
prüfung heitsgraden (bei einem α-Niveau von 0,01) signifikant wird, muss
er größer als 5,49 sein. Den kritischen Wert kann man der entsprechenden F-Tabelle entnehmen (zum Beispiel Myers & Well, 2003).
Dies ist im Lehrmethodenbeispiel bei einem F-Wert von 32,79 der
Fall. Die drei Lehrmethoden führen also zu signifikanten Unterschieden in der Lösung der Transferaufgaben.

Ergebnis- Die Ergebnisse einer Varianzanalyse können in Form einer
darstellung Tabelle dargestellt werden:

Varianzquelle	QS	df	$\hat{\sigma}^2$	F	p(F)
Lehrmethoden	72,8	2	36,40	32,79	<0,01
Fehler	29,9	27	1,11		
Gesamt	102,7	29	3,54		

Meist wird als Ergebnis von Varianzanalysen allerdings nur der F-
Wert zusammen mit den Zähler- und Nenner-Freiheitsgraden und
der zugehörigen Wahrscheinlichkeit dokumentiert. Für das obige
Beispiel würde das so aussehen: $F_{(2, 27)} = 32,79$ ($p < 0,01$).

Voraus- Zur Durchführung des F-Tests müssen drei Voraussetzungen
setzungen erfüllt sein (Bortz, 1999):

• Die Fehlerkomponenten in den Populationen müssen normalverteilt sein,

• ihre Varianzen müssen in den Populationen gleich sein und

• sie müssen voneinander unabhängig sein.

Zum Schluss noch einige allgemeine Anmerkungen zu diesem Test- **Anmerkungen**
verfahren:

• Bei einem Mittelwertsvergleich über zwei Gruppen entspricht die einfaktorielle Varianzanalyse dem t-Test für unabhängige Stichproben.

• Eine Varianzanalyse mit mehr als zwei Gruppen liefert nur Hinweise darauf, *ob* sich Mittelwerte unterscheiden, aber nicht darauf, *welche* Mittelwerte sich unterscheiden. Dies muss anschließend durch Einzelvergleiche zum Beispiel mit dem Scheffé-Test oder dem Tukey-Test geprüft werden.

• Wurden von jeder Person Daten zu verschiedenen Untersuchungszeitpunkten erhoben, dann sind diese nicht unabhängig voneinander. In diesem Fall ist die einfaktorielle Varianzanalyse *mit Messwiederholung* anzuwenden.

• Varianzanalysen sind auch bei ungleich großen Teilstichproben möglich. Dabei werden allerdings die Quadratsummen und die Freiheitsgrade anders berechnet.

• Schließlich lassen sich für konkrete Effektgrößen auch optimale Stichprobenumfänge gemäß der Poweranalyse bestimmen (siehe Bortz, 1999; Cohen, 1988).

Faktorielle Designs

Die bisher vorgestellten Designs vergleichen die Ausprägung abhängiger Variablen unter verschiedenen Varianten einer einzigen unabhängigen Variablen. Beim Lehrmethodenvergleich war dies die 'Lehrmethode' in drei verschiedenen Ausprägungen (A, N1 und N2). Oft will man jedoch wissen, wie sich mehrere unabhängige Variablen *gleichzeitig* auf eine abhängige Variable auswirken. Solche Fragen werden mit *mehrfaktoriellen Designs* untersucht. Die einfachste Variante, das *zweifaktorielle* Design, wird im Folgenden kurz vorgestellt, weil sich daran ein für alle mehrfaktoriellen Designs wichtiges Konzept erklären lässt, das der *Wechselwirkung* oder *Interaktion* von unabhängigen Variablen.

Beim Lehrmethodenvergleich ist man vielleicht nicht nur an den **Beispiel** Auswirkungen der drei Lehrmethoden auf die Lern- und Behaltensleistung interessiert, denn es gibt Hinweise, dass sich die Lehrmethoden für verschiedene Lehrinhalte unterschiedlich gut eignen: Das eine didaktische Prinzip eignet sich besser für mathematisch-naturwissenschaftliche Inhalte, das andere für soziale Inhalte, und

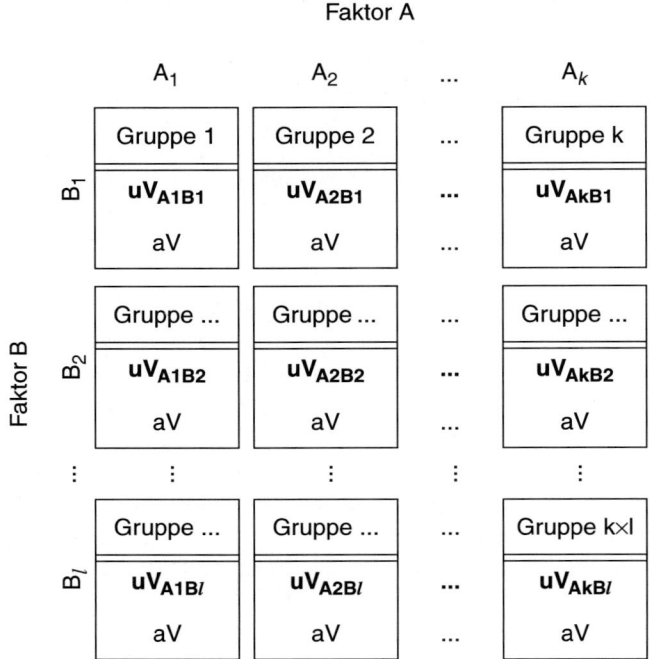

beim dritten Prinzip ist man sich noch nicht sicher. Es interessiert also die Frage, wie Lehrmethoden (Faktor A) und Lehrinhalte (Faktor B) auf spezifische Art und Weise zusammenwirken.

Zweifakto-
rielle Designs   In ein zweifaktorielles Design gehen zwei unabhängige Variablen ein, eine erste Variable (Faktor A) mit k Ausprägungen und eine zweite (Faktor B) mit l Ausprägungen. Kombiniert man alle Ausprägungen miteinander, so erhält man $k \times l$ Kombinationen – und genau so viele Teilgruppen müssen untersucht werden. Dann erhebt man eine Stichprobe von N Personen und verteilt diese auf die $k \times l$ Gruppen. Auch in diesem Fall ist es vorteilhaft, wenn alle Gruppen gleich groß sind. Jeder Gruppe ist eine Maßnahme zugeordnet, nämlich genau eine Kombination der Faktoren A und B. Schließlich wird in allen Gruppen die abhängige Variable erhoben, um den Effekt der Maßnahmen zu messen.

Haupteffekte /
Interaktion   Mit einem solchen Design können zum einen die Wirkungen der beiden Faktoren A und B für sich genommen geprüft werden. Diese bezeichnet man als *Haupteffekte*. Zum anderen lässt sich auch die *Interaktion* beider Faktoren prüfen, also ihre gemeinsame Wirkung.

Für die statistische Auswertung von faktoriellen-Designs kommen bei einer nominalskalierten abhängigen Variablen, also bei Häufigkeitsdaten, zum Beispiel der bereits vorgestellte $(k \cdot l)$-χ^2-Test oder die loglineare Analyse in Frage, auf die hier nicht weiter eingegangen wird. Für die Prüfung von Mittelwertsunterschieden einer intervall- oder verhältnisskalierten Variable wird die *mehrfaktorielle Varianzanalyse* verwendet. Vorgestellt wird im Folgenden der zweifaktorielle Fall.

Die zweifaktorielle Varianzanalyse

Stellen Sie sich vor, beim Lehrmethodenvergleich seien das alte didaktische Prinzip A und die zwei neuen Prinzipien N1 und N2 angewendet worden (Faktor 1 'Lehrmethode'), und zwar einmal auf den Bereich Physik und einmal auf den Bereich Deutsch (Faktor 2 'Lehrinhalt'). Anschließend wurde ein Test mit Transferaufgaben vorgegeben, um den Erfolg zu prüfen. Die Zahl gelöster Aufgaben von je fünf Personen und die Mittelwerte sehen Sie in der Tabelle unten.

Beispiel

Die Transferleistungen sind bei Lehrmethode N2 am besten ausgefallen. Wenn man die Lehrinhalte betrachtet, sieht man einen leichten Vorteil für den geisteswissenschaftlichen Inhalt. Vergleicht man jedoch die sechs Gruppen untereinander, so fällt auf, dass sich Lehrmethode N2 besonders gut für den Bereich Physik eignet und

Faktor 1: Lehrmethode

		A		N_1		N_2		m
		4		3		6		
		3		4		7		
	Physik	4	3,6	4	3,8	8	7,6	5,0
		4		5		8		
		3		3		9		
		4		5		7		
		4		4		7		
	Deutsch	5	4,6	5	5,2	7	6,4	5,4
		5		6		5		
		5		6		6		
m		4,1		4,5		7,0		5,2

(Links senkrecht: Faktor 2: Lehrinhalt)

weniger gut für Deutsch, während es bei den beiden anderen Lehrmethoden gerade umgekehrt ist, das heißt, Lehrmethoden und Lehrinhalte interagieren.

Statistische Hypothesen

Die zweifaktorielle Varianzanalyse kann alle drei Hypothesen gleichzeitig prüfen, die Haupteffekte der beiden Faktoren und ihre Interaktion:

> Unterscheiden sich die drei Lehrmethoden bezüglich der Leistung in den Transferaufgaben (Haupteffekt A)?

> Unterscheiden sich die Inhaltsbereiche in der Schwierigkeit (Haupteffekt B)?

> Wirken die einzelnen Lehrmethoden spezifisch bei den beiden Inhaltsbereichen (Interaktion A×B)?

Allgemein formuliert prüft die zweifaktorielle Varianzanalyse folgende drei Nullhypothesen:

> Die unter den k Stufen des Faktors A untersuchten Personen unterscheiden sich nicht. $H_{0-A}: \mu_{A1} = \mu_{A2} = ... = \mu_{Ak}$.

> Die unter den l Stufen des Faktors B untersuchten Personen unterscheiden sich nicht. $H_{0-B}: \mu_{B1} = \mu_{B2} = ... = \mu_{Bl}$.

> Zwischen den Faktoren A und B besteht keine Interaktion, die Faktoren sind additiv. $H_{0-A×B}: \mu_{AiBj} = \mu_{Ai} + \mu_{Bj} - \mu_{gesamt}$.

Die Alternativhypothesen besagen, dass sich mindestens 2 Mittelwerte eines Faktors unterscheiden (zum Beispiel $H_{1-A}: \mu_{Ai} \neq \mu_{Aj}$) beziehungsweise dass eine Interaktion vorliegt. Es sind ungerichtete Hypothesen. Bei der Prüfung der Interaktion fragt man weniger danach, *ob* die Faktoren zusammenwirken, sondern vielmehr danach, *wie* sie zusammenwirken. Im "Normalfall" – ohne Interaktion – wird ein *additiver* Effekt angenommen.

Bedeutung der Interaktion

Was es bedeutet, wenn eine Interaktion vorliegt, lässt sich an der nachfolgenden Tabelle illustrieren. Hier sind die Mittelwerte aller sechs Gruppen des Lehrmethodenvergleichs abgebildet unter der Annahme, dass keine Interaktion vorliegt (fett gedruckte Werte). Ein Gruppenmittelwert setzt sich dabei additiv aus dem Mittelwert der Zeile und dem Mittelwert der Spalte zusammen abzüglich des Gesamtmittelwertes. Der ohne Interaktion erwartete Mittelwert der fünf Personen, die in Deutsch nach der alten Methode A unterrichtet wurden, ergibt sich demnach als 5,4 + 4,1 – 5,2 = 4,3 (wenn beide Faktoren nur additiv zusammenwirken). Beobachtet wurde allerdings ein etwas höherer Wert 4,6 ↑.

Für die fett gedruckten Werte gilt, dass die Gesamtdifferenz zwischen der mittleren Leistung in Physik und Deutsch von 0,4 Punkten auch in jeder der drei Lehrmethodengruppen gilt, und gleichzeitig

Gruppenmittelwerte (fett), wenn keine Interaktion vorliegt

Faktor 2: Lehrinhalt	Faktor 1: Lehrmethode A	N_1	N_2	*m*
Physik	**3,9** (3,6)	**4,3** (3,8)	**6,8** (7,6 ↑)	5,0
Deutsch	**4,3** (4,6 ↑)	**4,7** (5,2 ↑)	**7,2** (6,4)	5,4
m	4,1	4,5	7,0	5,2

die Gesamtdifferenz zwischen den mittleren Leistungen der drei Lehrmethoden von 0,4 beziehungsweise 2,5 auch in beiden Inhaltsbereichen gelten. Bei den gemessenen Werten zeigt sich aber, dass die Lehrmethode N2 im Bereich Physik über das additive Zusammenwirken hinaus eine höhere Leistung bringt, die beiden anderen Lehrmethoden hingegen im Bereich Deutsch. Und genau diese zusätzlichen, spezifischen Effekte machen eine Interaktion aus.

Weiteres Vorgehen

Das generelle Vorgehen bei der zweifaktoriellen Varianzanalyse entspricht dem einfaktoriellen Fall. Ganz analog wird die Gesamtquadratsumme aller Messwerte "zerlegt" in verschiedene Anteile, diesmal in je einen Anteil für die Haupteffekte A und B, für die Interaktion A×B und für die Fehlervarianz.

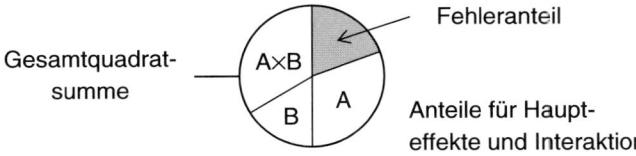

Genauso werden die Gesamtfreiheitsgrade von $N - 1$ aufgespalten in die Freiheitsgrade für Haupteffekte, Interaktion und Fehler. Zum Schluss wird mittels *F*-Tests geprüft, ob die einzelnen Effekte bei den jeweiligen Freiheitsgraden signifikant sind.

Interpretation der Haupteffekte

Liegt eine statistisch signifikante Interaktion vor, so muss man dies bei der Interpretation von Haupteffekten berücksichtigen. Dabei helfen *Interaktionsdiagramme*; sie machen das Zusammenwirken der Faktoren sichtbar. Dazu werden auf der x-Achse die

Stufen des einen Faktors abgetragen und auf der y-Achse die Zellenmittelwerte für die Stufen des anderen Faktors in getrennten Linienzügen.

Keine Interaktion

Wenn keine Interaktion vorliegt und die Faktoren "nur" additiv zusammenwirken, dann sind die Linienzüge parallel. Ein reiner Haupteffekt des Faktors Lehrmethode würde dabei so aussehen:

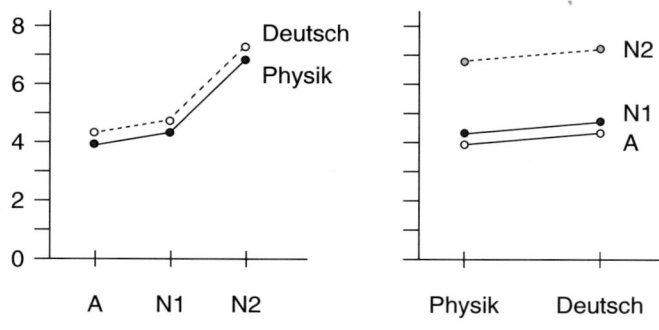

Die Leistungen unter Lehrmethode N2 sind deutlich besser als die unter den anderen Methoden, aber die Linien verlaufen parallel.

Interaktion liegt vor

Je stärker die Linienzüge von der Parallelität abweichen, desto eher spricht dies für eine Interaktion. Die Interaktionsdiagramme für die tatsächlichen Lehrmethodenergebnisse zeigen eine deutliche Interaktion:

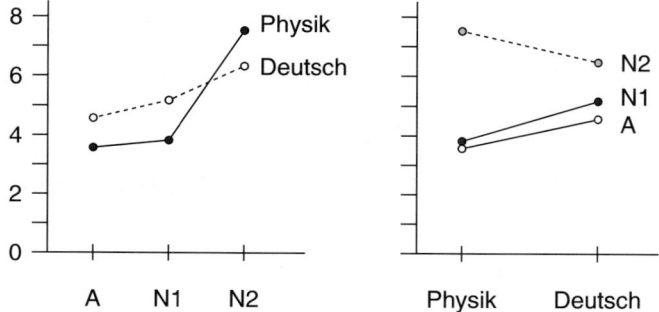

Ein Haupteffekt kann nur dann generalisiert über die Stufen des anderen Faktors interpretiert werden, wenn die Linienzüge im Interaktionsdiagramm *gleichsinnig* verlaufen, also alle jeweils abnehmen oder zunehmen; sie müssen nicht parallel sein. Im linken

Diagramm ist dies der Fall. Die drei Lehrmethoden wirken sich in beiden Inhaltsbereichen gleichsinnig aus; die Leistungen steigen von A nach N1 nach N2, auch wenn sich die Linien kreuzen. Der Haupteffekt in den Lehrmethoden darf also interpretiert werden. Im rechten Diagramm gilt dies nicht. Der Gesamtunterschied zwischen den Inhaltsbereichen über die drei Lehrmethoden zusammengerechnet darf – selbst wenn er signifikant wäre – nicht interpretiert werden, weil er bei den Lehrmethoden nicht gleichsinnig auftritt. Die Werte bei N2 sinken von Physik nach Deutsch, während sie bei den anderen beiden Lehrmethoden ansteigen.

Für die zweifaktorielle Varianzanalyse gelten dieselben Voraussetzungen wie bei der einfaktoriellen Varianzanalyse (Seite 138). Zum Abschluss noch zwei Anmerkungen zu diesem Verfahren:

Vorausset-zungen und Anmerkungen

- Die zweifaktorielle Varianzanalyse kann verallgemeinert werden auf drei- und mehrfaktorielle Designs als *mehrfaktorielle* Varianzanalyse sowie auf Designs mit abhängigen Daten, zum Beispiel aus Messwiederholungen, als mehrfaktorielle Varianzanalyse mit *Messwiederholung*. Das Prinzip ist dabei immer dasselbe.

- Bislang wurden nur "vollständige" Designs betrachtet, das heißt es wurden immer *alle* Stufen der unabhängigen Variablen miteinander kombiniert. Bei mehrfaktoriellen Designs kann dies zur Konsequenz haben, dass viele Teilgruppen untersucht werden müssen, nämlich gerade so viele, wie es Kombinationen von Faktorstufen gibt. Werden nicht alle Kombinationen gebildet, resultiert ein unvollständiges Design. Für manche Fragestellungen genügen bestimmte unvollständige Designs. Man "spart" Versuchsteilnehmer; allerdings lassen sich nicht mehr alle Haupteffekte und Wechselwirkungen prüfen.

6.3 Tests für Zusammenhangshypothesen

Zusammenhangshypothesen fragen danach, ob und wie stark die Ausprägungen zweier oder mehrerer Variablen *miteinander variieren*. In der Studie zur Lebenszufriedenheit aus dem Eingangskapitel wurde beispielsweise gefragt, wie die Lebenszufriedenheit nach einer Krankheit und anschließender Rehabilitationsmaßnahme mit möglicherweise vorhandenen chronischen Schmerzen, mit allgemeinen Gesundheitssorgen sowie mit der beruflichen und privaten Situation zusammenhängt. Auch in der Lehrmethodenvergleichsstudie könnte man nach einem Zusammenhang fragen: Geht – unabhängig davon, wie die Lehrmethoden wirken – eine gute Leistung bei den Behaltensaufgaben auch mit einer guten Leistung in den Transferaufgaben einher?

Untersuchungsdesign

Ein-Gruppen-Design

Die Untersuchung von Zusammenhangshypothesen erfordert nur ein Ein-Gruppen-Design: Man erhebt eine Stichprobe von Personen und misst für jede Person zwei oder mehr abhängige Variablen.

Gruppe			
aV_1	aV_2	...	aV_k

Ist die Stichprobe repräsentativ für die ins Auge gefasste Population, dann können die Ergebnisse verallgemeinert werden.

Mit experimentellen Designs, wie sie im letzten Abschnitt vorgestellt wurden, kann man prüfen, wie sich verschiedene Ausprägungen einer unabhängigen Variablen auf eine abhängige Variable auswirken. Ist die interne Validität der Untersuchung gewährleistet, dann lassen sich die Ergebnisse kausal interpretieren – die unabhängige Variable ist Ursache für die Effekte in der abhängigen Variable. Anders bei diesem Design: Hier erlaubt das Vorliegen eines Zusammenhangs *keine* Schlussfolgerung über die Kausalbeziehung der Variablen. Existiert ein kausaler Mechanismus? Welche Variable ist die Ursache und welche die Wirkung? Kommt der Zusammenhang direkt zustande oder ist er vielleicht über andere Variablen vermittelt? Zu all diesen Fragen gibt eine Korrelation keine Antwort! Korrelationen können zwar Hinweise auf Kausalzusammenhänge liefern; untermauern muss man sie aber auf andere Weise.

Bereits in Kapitel 3 (ab Seite 72) wurden zwei gebräuchliche Maße für Zusammenhänge zwischen zwei Variablen vorgestellt, der Phi-Koeffizient für zwei zwei-stufige Variablen und die Produkt-Moment-Korrelation für zwei mindestens intervallskalierte Variablen. Die Formeln für die Berechnung dieser Maße und Beispiele finden Sie dort. In den folgenden Abschnitten wird neben einigen ergänzenden Hinweisen vorgestellt, wie die Größe solcher Zusammenhänge auf statistische Signifikanz geprüft wird.

Signifikanzprüfung des Phi-Koeffizienten

Der ϕ-Koeffizient gibt die Enge eines Zusammenhangs zwischen zwei nominalskalierten, dichotomen Merkmalen an. Im Beispiel auf Seite 73 wurde nach einem Zusammenhang zwischen der Variable Geschlecht und der Sehfähigkeit gefragt. Hier sehen Sie die Ergebnisse nochmals abgebildet:

	männlich	weiblich	Summe
Brille	6 (a)	11 (b)	17 (A)
Keine Brille	9 (c)	4 (d)	13 (B)
Summe	15 (C)	15 (D)	30 (N)

Für diese Werte wurde eine Korrelation von $\phi = -0,33$ berechnet. Schon das Vier-Felder-Schema legt nahe, dass der ϕ-Koeffizient mit dem Vier-Felder-χ^2 in Beziehung steht.

Phi und χ^2

Wie in Kapitel 3 erläutert, wird der ϕ-Koeffizient nach der nebenstehenden Formel (1) berechnet. Vergleicht man diese Formel mit der Formel für das Vier-Felder-χ^2 (Seite 128), so ergibt sich die in der zweiten Formel beschriebene Beziehung.

$$(1) \quad \phi = \frac{(a \cdot d) - (b \cdot c)}{\sqrt{A \cdot B \cdot C \cdot D}}$$

$$(2) \quad \phi = \sqrt{\frac{\chi^2}{N}}$$

Prüfgröße χ^2

Ob eine Korrelation vorliegt, das heißt, ob ein berechneter ϕ-Koeffizient signifikant von null verschieden ist, lässt sich demnach anhand der χ^2-Verteilung bestimmen. Dazu wird aus dem ϕ-Koeffizient der χ^2-Wert berechnet und anhand der χ^2-Verteilung mit einem Freiheitsgrad geprüft ($df = 1$). Für den Zusammenhang zwischen Geschlecht und Fehlsichtigkeit ergibt sich folgender χ^2-Wert:

Freiheitsgrade $df = 1$

$$\chi^2 = \phi^2 \cdot N = -0,33^2 \cdot 30 = 3,267$$

Signifikanzprüfung

Gemäß der χ^2-Verteilung mit $df = 1$ müsste ein empirisch ermittelter χ^2-Wert größer als 3,84 sein, damit er bei einem α-Niveau von $\alpha = 0,05$ und *zweiseitiger* Fragestellung signifikant wird (vergleiche

Tabelle Seite 118). Dies ist für den berechneten χ^2-Wert nicht der Fall. Für die Stichprobe von 30 Personen kann also kein statistisch signifikanter Zusammenhang zwischen Fehlsichtigkeit und Geschlecht nachgewiesen werden.

Signifikanzprüfung der Produkt-Moment-Korrelation

Die Produkt-Moment-Korrelation beschreibt die Enge eines linearen Zusammenhangs zwischen zwei mindestens intervallskalierten Variablen. Im Beispiel auf Seite 76 wurde für das Lehrmethodenvergleichsszenario die Korrelation zwischen der Zahl gelöster Behaltensaufgaben und der Zahl gelöster Transferaufgaben bestimmt. Die Korrelationen fielen hoch aus: Bei der alten Lehrmethode A betrug sie $r = 0{,}73$; bei Lehrmethode N1 $r = 0{,}76$ und bei den Personen, die nach Lehrmethode N2 unterrichtet worden waren $r = 0{,}64$ (in jeder Gruppe waren $N = 10$ Personen untersucht worden). Insgesamt gilt also: je höher die Behaltensleistung, desto höher die Transferleistung. Sind die Zusammenhänge auch statistisch bedeutsam?

Prüfgröße t

Freiheitsgrade $df = N - 2$

$$t = \frac{r \cdot \sqrt{N-2}}{\sqrt{1-r^2}}$$

Als Prüfgröße für den Korrelationskoeffizienten r wird die nebenstehende Größe berechnet. Für $N > 3$ folgt dieser Ausdruck einer t-Verteilung mit $N - 2$ Freiheitsgraden. Damit kann man anhand der t-Verteilung die Nullhypothese prüfen, dass die Korrelation in der Population null ist (H_0: $\rho = 0$), beziehungsweise die Alternativhypothese, dass die Korrelation von nullverschieden ist (H_1: $\rho \neq 0$). Für die kleinste oben genannte Korrelation $r = 0{,}64$ ergibt sich:

$$t = \frac{r \cdot \sqrt{N-2}}{\sqrt{1-r^2}} = \frac{0{,}64 \cdot \sqrt{10-2}}{\sqrt{1-0{,}64^2}} = 2{,}35$$

Signifikanzprüfung

Gemäß der t-Verteilung mit $df = (N - 2) = 8$ Freiheitsgraden müsste ein empirisch ermittelter t-Wert größer als 1,86 sein, damit er bei einem α-Niveau von $\alpha = 0{,}05$ und *einseitiger* Fragestellung signifikant wird (Bortz, 1999). Dies ist für den berechneten t-Wert der Fall. Die Korrelation zwischen Behaltens- und Transferleistung ist also für diesen Wert und damit auch für die beiden größeren Werte signifikant größer als null.

Als Effektgröße ε wird direkt der Korrelationskoeffizient r verwendet. Korrelationen von $r = 0,1$ gelten dabei als klein, $r = 0,3$ als mittel und $r = 0,5$ als groß. Nach Cohen (1988) sind die folgenden Stichprobengrößen optimal bei einer Power von 0,8:

Effektgröße ε und optimale Stichprobengrößen

α-Niveau	einseitiger Test	0,05	0,025	0,01	0,005
	zweiseitiger Test	0,10	0,05	0,02	0,01
Kleiner Effekt	($r = 0,1$):	617	783	1000	1163
Mittlerer Effekt	($r = 0,3$):	68	85	108	125
Großer Effekt	($r = 0,5$):	22	28	36	41

Wie man an den Formeln zur Signifikanzprüfung von r und ϕ ersehen kann, steigt der Wert der Prüfgröße mit wachsender Stichprobengröße N. Man kann also mit genügend großen Stichproben jeden beliebig kleinen Zusammenhang als "statistisch signifikant" nachweisen, ob er inhaltlich aber auch etwas bedeutet, ist eine andere Frage (vergleiche Seite 109).

Stichprobenfehler

Wie in Kapitel 3 (Seite 75) erläutert, wird eine Korrelation kleiner, wenn die Messwerte sich stärker kreisförmig verteilen (A), sie wird größer, wenn die Messwerte in einer Diagonalen stärker auseinander gezogen sind (B).

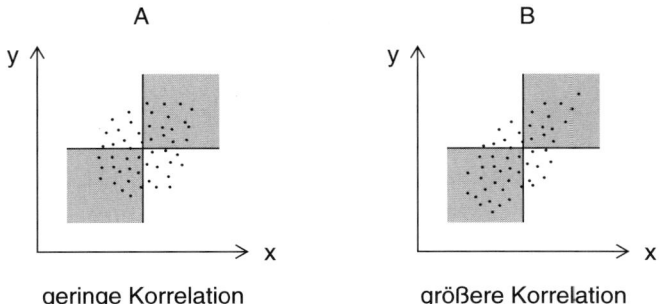

Was kann bei der Stichprobenerhebung dazu führen, dass die Stichprobe die Population nicht repräsentativ wiedergibt?

Wenn die Variationsbreite in der Stichprobe im Vergleich zur Population stark eingeschränkt ist, so wird die wahre Korrelation *unterschätzt*. Dies passiert, wenn man nur Personen mit zum Beispiel x-Werten $< x_a$ in der Stichprobe hat:

Unterschätzung einer Korrelation

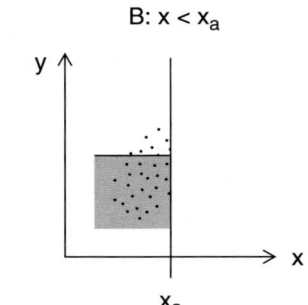

B: x < x_a

Die Korrelation wird kleiner

Wie man sieht, ist die Verteilung der Messwerte aus der ursprünglichen Abbildung B nun weniger stark in der Diagonale gestreckt.

Überschätzung einer Korrelation

Fehlen systematisch Personen in den mittleren Wertebereichen der Merkmale, so wird die Diagonale stärker betont, das heißt, die wahre Korrelation wird *überschätzt*, wie hier an der ursprünglichen Verteilung A illustriert:

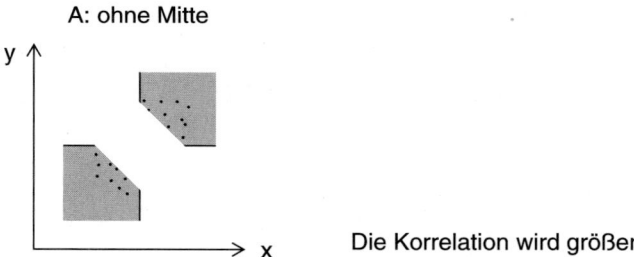

A: ohne Mitte

Die Korrelation wird größer

Auch einzelne Extremwerte ("Ausreißer") können eine Korrelation erheblich vergrößern, da sie die Verteilung aller Messwerte unverhältnismäßig weit auseinander ziehen:

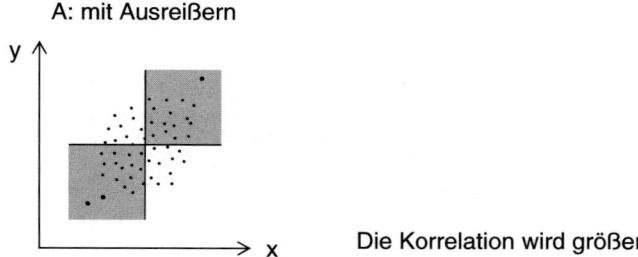

A: mit Ausreißern

Die Korrelation wird größer

Bei der Prüfung von Zusammenhangshypothesen ist es also von entscheidender Bedeutung, dass die Stichprobe tatsächlich die *gesamte* Population repräsentativ abbildet; andernfalls kommt es zu Verzerrungen des Ergebnisses.

Literaturhinweise

Eine einfache, aber grundlegende Einführung in die Methodik psychologischen Experimentierens bietet das Lehrbuch von Huber (2000) mit 48 Cartoons aus der Feder des Autors. Vertiefende Ausführungen zum Design empirischer Untersuchungen und ihrer statistischen Auswertung findet man in den meisten gängigen Methodik- und Statistiklehrbüchern (zum Beispiel Bortz, 1999; Bortz & Döring, 2002; Leonhart, 2004; Myers & Well, 2003; Westermann, 2000). Grafiken und Tabellen der hier verwendeten Wahrscheinlichkeitsverteilungen (χ^2-, t-, Normal- und F-Verteilung) sind in jedem Statistiklehrbuch ausgewiesen. Tabellen dieser Verteilungen inklusive eines statistischen Rechners zur Bestimmung beliebiger χ^2-, t-, z- und F-Werte findet man unter http://www.homes.uni-bielefeld.de/hjawww/glossar/. Optimale Stichprobenumfänge für verschiedene statistische Testverfahren, Effektgrößen, α- und β-Niveaus führen Cohen (1988) oder Bortz und Döring (2002) auf.

Arbeitsanregungen

Aufgabe 6.1 Eine Firma will statistisch prüfen, ob die jüngsten Verkaufszahlen dafür sprechen, einem Kaufhaus von den drei verschiedenen Packungsgrößen in Zukunft immer unterschiedlich viele zu liefern oder wie früher eben gleich viele. Die Verkaufsdaten aus dem letzten halben Jahr waren wie folgt ausgefallen: Von den großen Packungen wurden 120 verkauft, von den mittleren 65 und von den kleinen 115. (a) Wie lauten die statistischen Hypothesen? (b) Wählen Sie ein geeignetes statistisches Testverfahren und entscheiden Sie auf dieser Grundlage, was die Firma in Zukunft tun soll. Das α-Niveau sei 1%. (c) Handelt es sich eher um einen kleinen, einen mittleren oder einen großen Effekt?

Aufgabe 6.2 Beim Vergleich der Mittelwerte zweier Stichproben ergibt sich ein t-Wert von $t(25) = 1{,}93$. Unterscheiden sich die Mittelwerte bei einem α-Niveau von 5%? Beantworten Sie diese Frage für eine ein- und eine zweiseitige Alternativhypothese. Gegeben ist der folgende Ausschnitt der t-Verteilung mit 25 Freiheitsgraden mit Werten für einseitige Tests:

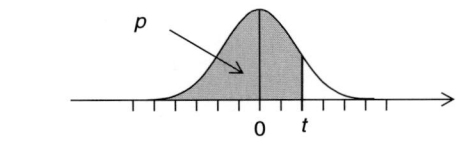

p	0,85	0,90	0,95	0,975	0,99	0,995	0,9995
$t(25)$	1,058	1,316	1,708	2,060	2,485	2,787	3,725

Aufgabe 6.3 Es soll untersucht werden, ob bei der grafischen Darstellung einer mehrdimensionalen Datenmenge am Computerbildschirm ein neues Programm mit einer 3D-Darstellung dem Benutzer eine bessere Orientierung ermöglicht als drei gebräuchliche Programme mit 2D-Darstellung. Zudem soll berücksichtigt werden, ob die Leichtigkeit der Orientierung auch vom Grad der Komplexität der Datenmenge (gering versus hoch) abhängt. Als Maß für die Leichtigkeit der Orientierung wird die Zeit gemessen, bis eine Person bestimmte Datenobjekte in der Darstellung gefunden hat. Welches Design würden Sie für diese Untersuchung vorschlagen? Fertigen Sie dazu eine Skizze an. Welches statistische Verfahren kommt für die Auswertung der Daten in Frage?

Aufgabe 6.4 Sie haben zwei Untersuchungen (1) und (2) nach einem zwei-faktoriellen Design durchgeführt, beide mit einem Faktor A in zwei Stufen (a_1 und a_2) und einem Faktor B in ebenfalls zwei Stufen (b_1 und b_2) als unabhängige Variablen. Für die Ergebnisse fertigen Sie Interaktionsdiagramme an und erhalten folgendes Bild:

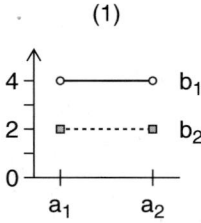

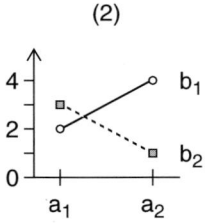

Welche Ergebnisse lassen sich diesen Diagrammen entnehmen: ein Haupt-effekt des Faktors A, ein Haupteffekt des Faktors B und/oder eine Interaktion beider Faktoren A×B?

7. Wie man empirische Untersuchungen berichtet

Im Wahlumfrageszenario aus dem Einleitungskapitel wurde nach der Bekanntheit und Beliebtheit von Politikern gefragt und nach Parteipräferenzen "Wenn nächsten Sonntag Wahl wäre".

In der Lebenszufriedenheitsstudie wurde im Auftrag eines Rentenversicherungsträgers nach Zusammenhängen zwischen einer ganzen Fülle von Variablen und der Lebenszufriedenheit im Anschluss an eine Rehabilitationsmaßnahme gesucht. Welche Rolle spielt die berufliche und private Situation? Wie wirken sich chronische Schmerzen und Gesundheitssorgen aus? Welche Empfehlungen kann man Ärzten und Patienten für die Wiedereingliederung in den Alltag nach Abschluss der Reha-Maßnahme geben?

Beim Lehrmethodenvergleich fragte ein Weiterbildungsinstitut, ob der Einsatz von zwei neuen Lehrmethoden mit unterschiedlichen pädagogischen Prinzipien zu besseren Lernerfolgen in ihren Veranstaltungen führt als die alte Methode. Erlaubt die daraufhin durchgeführte experimentelle Untersuchung Rückschlüsse über die Wirksamkeit der eingesetzten Lehrmethoden? Welche Methode würde man für welchen Einsatz empfehlen?

Nach der Auswertung der empirischen Daten muss man nun die inhaltlichen Fragen beantworten. Dazu betrachtet man alle Aspekte der Untersuchung gemeinsam:

- die Variablen und ihre Operationalisierung,
- das Design der Untersuchung,
- die Kontrolle möglicher Störvariablen,
- die Stichprobengewinnung,
- die konkrete Durchführung der Untersuchung und
- die statistische Auswertung.

Erst die Zusammenschau all dieser Aspekte erlaubt zu beurteilen, ob die Fragen mit der Untersuchung tatsächlich beantwortet werden. Dies wird im Untersuchungsbericht dokumentiert.

Es gibt verschiedene Arten von Berichten für unterschiedliche Zwecke und Kontexte: Arbeitspapiere und Präsentationen für den Auftraggeber der Untersuchung, Diplomarbeiten, Zulassungsarbeiten oder Dissertationen als Qualifikationsarbeiten in der Hochschulausbildung, Fachbücher oder Fachartikel in wissenschaftlichen Zeitschriften. Aber unabhängig davon, welche Form der Bericht hat: Das Ziel ist, alle wichtigen Aspekte der durchgeführten empirischen Arbeiten transparent darzustellen, und zwar so genau, dass andere Personen die Untersuchung im Zweifelsfall wiederholen (replizieren) könnten.

Teile des Berichts

Der Bericht über eine empirische Untersuchung umfasst fünf zentrale Teile:

- *Einleitung*,

- *Methode*,

- *Ergebnisse*,

- *Diskussion* und

- *Literatur*.

In der Einleitung wird die Fragestellung motiviert, das Ziel der Untersuchung beschrieben und auf relevante Vorarbeiten, Theorien oder Befunde aus anderen Untersuchungen Bezug genommen. Darauf folgt ein Abschnitt zur Beschreibung der Untersuchungsmethode, der alle wichtigen methodischen Aspekte für den Leser transparent macht. Im dritten Abschnitt werden die Ergebnisse dargestellt und die statistische Auswertung berichtet. In der Diskussion schließlich werden die Ergebnisse im Hinblick auf die zu Beginn aufgeworfene Fragestellung beurteilt, mögliche alternative Erklärungen diskutiert sowie Schlussfolgerungen und Konsequenzen aus der Untersuchung gezogen. Ein Literaturverzeichnis aller Arbeiten, auf die im Bericht Bezug genommen wird, ergänzt den Bericht.

3 allgemeine Schreibtipps

Was sollte man beim Schreiben eines Berichts generell beachten? Eine Checkliste mit 50 prägnanten Tipps extrahierte Robert Sternberg (2000) aus den Kapiteln verschiedener Autoren in dem von ihm herausgegebenen *Guide to Publishing in Psychology Journals*. Viele dieser Tipps sind in die folgenden Abschnitte zu den einzelnen Teilen eines Berichts eingeflossen. Formuliert wurden sie ursprünglich für das Schreiben von Fachartikeln in wissenschaftlichen Zeit-

schriften; sie können aber auch Anregung für alle anderen Arten von Berichten sein. Folgende drei allgemeine Hinweise kann man geben:

- Ein guter Bericht oder Artikel erzählt eine Geschichte. Schreiben Sie die Geschichte, die Ihre Daten erzählen, und nicht die Geschichte, wie sich Ihre Ideen im Laufe der Zeit entwickelt haben, oder die Geschichte wie die Untersuchung ursprünglich einmal geplant gewesen war. Das bedeutet, dass man sich sehr gründlich damit auseinandergesetzt haben muss, welche Aussagen die Daten hergeben und welche nicht.

- Bauen Sie den Text wie eine Sanduhr auf. Beginnen Sie breit, werden Sie dann spezifischer und enden Sie wieder breit. Welche *take-home* Botschaft soll der Leser mitnehmen? Darauf hin ist die Sanduhr zu gestalten.

- Und schließlich: Schreiben Sie für Ihre Leser und deren Kenntnisstand. Das bedeutet, dass man sich bereits vor dem Schreiben des Berichts darüber klar werden muss, wer die Adressaten sind.

7.1 Einleitung

Mit dem Einleitungsteil muss man drei Ziele erreichen: beim Leser Interesse wecken, den Kontext der Untersuchung beschreiben und daraus die eigene Arbeit begründen.

Wie kann man einen Bericht beginnen, dass er den Leser anspricht und neugierig macht? Die Eröffnung beginnt eigentlich schon mit dem Titel, und der will gut gewählt sein. Kurz und stark soll er sein, auf zentrale inhaltliche Aspekte verweisen, dabei aber auch nicht zu viel versprechen.

Wahl des Titels

Der Titel *Understanding conditional promises and threats* etwa zeigt zunächst einmal an, dass die Arbeit inhaltlich von Versprechen und Drohungen handelt. Er hat darüber hinaus zwei Lesarten, die mit zwei Aspekten der Arbeit korrespondieren. Was wird unter einem konditionalen Versprechen beziehungsweise einer Drohung verstanden, das heißt, wie sind sie aufgebaut und wie funktionieren sie? Nach der ersten Lesart verspricht der Titel also, dass der Leser etwas Theoretisches über diese Konzepte lernt. Die zweite Lesart fokussiert auf den Menschen: Wie verstehen Personen im Alltag Versprechen und Drohungen und welche Konsequenzen hat dies für ihr Handeln? Nach dieser Lesart kann der Leser eine empirische

Arbeit über den Umgang mit Versprechen und Drohungen erwarten. Betrachten Sie dagegen folgenden Titel: *Zur Entwicklung der privaten Altersvorsorge – Vorsorgebereitschaft, Vorsorgeniveau und erwartete Absicherung im Alter.* Man erfährt als Leser, dass es in dieser Arbeit um verschiedene Aspekte der Altervorsorge geht. Was aber kann man als Beitrag "zur Entwicklung" erwarten? Eine empirische Untersuchung oder nur einige frei assoziierte Gedanken des Autors? – Einen guten Titel zu finden ist nicht einfach, deshalb sollte man ein besonderes Augenmerk darauf legen.

Eröffnung des Berichts

Den eigentlichen Bericht kann man auf verschiedene Arten beginnen: Gut ist ein einführendes Beispiel aus dem Alltag; es macht gleichzeitig die Relevanz des Themas und den Anwendungskontext deutlich. Überraschende Fakten und Statistiken geben ebenfalls einen interessanten Einstieg, da sie Fragen aufwerfen und Erklärungen verlangen. Auch eine Analogie, eine rhetorische Frage oder eine geschichtliche Entwicklung können neugierig machen. Eine Patentlösung gibt es nicht – gefragt ist Ihre Kreativität.

Überblick über den Untersuchungskontext

Nach der Eröffnung soll die Einleitung einen Überblick über den Kontext der eigenen Untersuchung geben. Dazu gehört der theoretische Rahmen, in den die Arbeit einzuordnen ist, sowie ein Abriss über andere relevante empirische Arbeiten und deren Ergebnisse, sofern es welche gibt. Hierbei muss man meist auf Arbeiten anderer Autoren Bezug nehmen. Welche Regeln gibt es dafür?

Tipps zur Gestaltung

Um ein häufiges Missverständnis auszuräumen: Der Überblick über andere theoretische und empirische Arbeiten ist keine bloße Zusammenfassung dieser Arbeiten, sondern eine *Integration*. Das bedeutet, dass man die Arbeiten so aufbereiten muss, dass sie sich auf die eigene Argumentationslinie beziehen. Ziel ist eine klar nachvollziehbare Argumentation und eine möglichst integrierte und kohärente Darstellung anderer Arbeiten. Die eigene(n) Forschungsfrage(n) sollte(n) sich daraus "wie von selbst" ergeben und klar formuliert werden. Ein *top-down* Aufbau vom Allgemeinen zum Besonderen ist hierfür hilfreich. Selbstverständlich sollte dieser Überblick auf möglichst aktuelle Arbeiten Bezug nehmen, und man sollte eher generös als zu sparsam auf andere Arbeiten verweisen.

Zitierregeln: Im Text

In der Psychologie hat sich folgender Standard herausgebildet, um auf die Arbeiten anderer Autoren zu verweisen. Wie man dies im Text vornimmt, haben Sie beim Lesen dieses Buches schon kennengelernt: Man nennt den Nachnamen des Autors beziehungsweise der Autoren und das Jahr, in dem die Arbeit publiziert wurde, zum Beispiel: Beller, Bender und Kuhnmünch (2004). Bei mehr als zwei Autoren führt man nur bei der ersten Nennung alle Autoren auf. Bei allen weiteren Nennungen verwendet man dann eine abkürzende Schreibweise: Beller et al. (2004). Das Kürzel "et al." steht für das lateinische "et alii", was soviel bedeutet wie "und andere".

Mit dem Verweis auf Arbeiten im Text korrespondiert ein Literaturverzeichnis am Ende des Berichts. Darin werden alle verwendeten Arbeiten aufgelistet, und zwar so, dass man im Text eindeutig auf jede einzelne Arbeit verweisen kann. Zudem weiß der interessierte Leser dann, wo die Arbeiten publiziert wurden, und kann sie sich gegebenenfalls selbst besorgen.

Zitierregeln: Im Literaturverzeichnis

Das Literaturverzeichnis ist alphabetisch nach Autoren sortiert und für jeden Autor nach dem Erscheinungsjahr der Arbeiten. Gibt es von einem Autor mehrere Arbeiten aus dem gleichen Jahr, so wird die Jahresangabe um einen Kleinbuchstaben (2004a, 2004b, 2004c, ...) ergänzt, um die Arbeiten unterscheiden zu können.

Je nach Art der Arbeit – Buch, Buchkapitel, Zeitschriftenartikel und so weiter – sind unterschiedliche Angaben zu machen. Die wichtigsten seien hier kurz vorgestellt; ausführliche Darstellungen mit allen Spezialfällen findet man in den Richtlinien zur Manuskriptgestaltung, die von der *Deutschen Gesellschaft für Psychologie* 1997 herausgegeben wurden, oder in dem entsprechenden Werk der *American Psychological Association* (2001).

Bei einem Buch nennt man die Autoren mit abgekürzten Vornamen, das Erscheinungsjahr in Klammern, den Titel *kursiv* gesetzt sowie den Ort und den Namen des Verlages wie in folgenden Beispielen:

Bücher zitieren

> Beck-Bornholdt, H.-P. & Dubben, H.-H. (1997). *Der Hund, der Eier legt*. Reinbek: Rowohlt.

> Sternberg, R.J. (Ed.) (2000). *Guide to Publishing in Psychology Journals*. Cambridge, UK: Cambridge University Press.

Bei einem eigenständigen Kapitel eines Autors in einem Buch, das von einer anderen Person herausgegeben wurde, werden im Literaturverzeichnis folgende Angaben gemacht. Zuerst werden die Autoren des Kapitels, das Erscheinungsjahr des Buches und der Titel des Kapitels genannt. Dann folgt der Name des Herausgebers, eine Abkürzung für die Herausgeberschaft (zum Beispiel "Hrsg." für Herausgeber, "Ed." für Editor oder "Eds." für Editors), der Titel des Buches *kursiv* gesetzt, die Seitenangaben des Kapitels in Klammern und, wie beim Buch, der Ort und der Name des Verlages. Konkret sieht das dann zum Beispiel so aus:

Buchkapitel zitieren

> Salovey, P. (2000). Results that get results: Telling a good story. In R.J. Sternberg (Ed.), *Guide to Publishing in Psychology Journals* (pp. 121-132). Cambridge, UK: Cambridge University Press.

Zeitschriften-artikel zitieren

Bei einem Zeitschriftenartikel schließlich nennt man die Autoren, das Erscheinungsjahr, den Titel der Arbeit, den Namen der Zeitschrift und die Bandnummer *kursiv* gesetzt, sowie die Seitenangabe:

> Beller, S. & Spada, H. (2003). The logic of content effects in propositional reasoning: The case of conditional reasoning with a point of view. *Thinking & Reasoning, 9*, 335-378.

Je nach Fachdisziplin und Verlag gibt es leichte Variationen dieser Schemata.

7.2 Methode

Ziel des Methoden-Teils ist es, alle entscheidenden methodischen Aspekte der Untersuchung so ausführlich und exakt zu beschreiben, dass die Untersuchung von einer anderen Person wiederholt (repliziert) werden könnte. Typischerweise umfasst dieser Teil je einen Abschnitt zur Beschreibung

- der *Stichprobe*,
- der verwendeten *Materialen*,
- des *Designs* und
- der konkreten *Durchführung*.

Stichprobe

In allen stichprobenbasierten Untersuchungen bestimmt die Art der Stichprobe und ihre Repräsentativität, inwieweit die gefundenen Ergebnisse auf die Zielpopulation verallgemeinert oder mit anderen Ergebnissen verglichen werden können. Deshalb sind wichtige Charakteristika der Stichprobe und ihre Gewinnung zu beschreiben. Welche Personen haben teilgenommen? Wie wurden sie rekrutiert? Gab es Ausfälle in der Stichprobe? Ist die Stichprobe durch besondere Merkmale gekennzeichnet?

Typischerweise wird angegeben, nach welchen Kriterien die Untersuchungsteilnehmer ausgewählt wurden, gegebenenfalls auch, ob sie den verschiedenen Untersuchungsgruppen zufällig oder auf eine andere Art zugewiesen wurden und ob sie für die Teilnahme bezahlt wurden. Zusätzlich werden meist Angaben über das Alter (Mittelwert und Standardabweichung) und das Geschlecht der Personen gemacht. Welche Merkmale der Stichprobe darüber hinaus relevant sind, kann nicht allgemein festgelegt werden. Generell lässt sich aber sagen, dass alle diejenigen (sozio-demographischen) Merkmale anzugeben sind, die für die Fragestellung und die Interpretation der Ergebnisse von Bedeutung sein können.

Im Materialteil sind die verwendeten Materialen und Geräte kurz **Material**
zu charakterisieren und ihre Funktion in der Studie zu beschreiben.
Die konkreten Materialien, also etwa Fragebögen oder spezielle
Aufgaben, sowie Gerätespezifikationen oder ähnliches werden im
Materialteil zwar nicht immer vollständig angegeben, oft werden sie
jedoch dem Bericht als Anhang angefügt.

Auch das Design der Studie wird im Methodenteil erläutert. Wel- **Design**
che unabhängigen Variablen wurden variiert, welche abhängigen
Variablen wurden wie erhoben? Welches Design lag der Untersuchung zugrunde? Wie wurden mögliche Störvariablen kontrolliert,
durch Randomisierung oder Ausbalancierung? Letzendlich muss
hier deutlich werden, warum das gewählte Design für die untersuchte Fragestellung angemessen ist. Wo liegen seine Stärken, wo
seine Grenzen?

Komplexe Designs werden in einem eigenen Abschnitt beschrieben, einfache "Standard"-Designs (wie das Zwei-Gruppen-Design
oder ein faktorielles Design) werden oft mit der Durchführung
zusammengefasst. Für den Stil gilt ganz allgemein: möglichst kurz,
dabei aber klar, verständlich und überzeugend. Bei der Benennung
von Gruppen und Variablen ist darauf zu achten, inhaltlich aussagekräftige Begriffe und Abkürzungen zu finden und keine für den
Leser inhaltlich leeren Bezeichnungen wie "Gruppe 2" oder "Aufgabe 1'U" zu verwenden.

Der Teil zur Untersuchungsdurchführung schließlich beschreibt **Durchführung**
die einzelnen Abschnitte oder Schritte der Untersuchung. Was
wurde von den Untersuchungsteilnehmern in den jeweiligen
Abschnitten der Untersuchung verlangt? Wann kamen welche
Materialien zum Einsatz? Wie wurden die Personen instruiert? Wie
lange dauerte die Untersuchung?

Hat man alle diese methodischen Details erläutert, so kann der
Leser die Ergebnisse der Untersuchung nachvollziehen und beurteilen, inwieweit sie die untersuchte Fragestellung beantworten helfen.

7.3 Ergebnisse

Der Ergebnisteil folgt im Anschluss an die Beschreibung der Unter-
suchungsmethodik. Hier werden die erhobenen Daten in einem "für
die Fragestellung angemessenen Auflösungsgrad" präsentiert.
Gleich vorneweg: eine pure Darstellung von Ergebnissen, zum Beispiel mit Grafiken und Tabellen *ohne* begleitende Erläuterungen, ist

nicht angemessen. Man kann dem Leser nicht einfach Zahlen und Statistiken präsentieren und hoffen, dass er sich diese solange merkt, bis sie an späterer Stelle besprochen werden. Auch der Ergebnisteil wird in ganz normaler Prosa verfasst.

Allgemeine Angaben vorweg

Bevor man die einzelnen Ergebnisse berichtet, werden typischerweise zwei Aspekte vorweg beschrieben: erstens, wie die Daten kodiert und gegebenenfalls wie sie zusammengefasst wurden, und zweitens, wie die inferenzstatistische Auswertung erfolgte. Standardverfahren wie χ^2-Tests oder die Varianzanalyse braucht man nur zu nennen, nicht aber zu erklären. "Alle Daten wurden mit einer einfaktoriellen Varianzanalyse analysiert für die drei-stufige unabhängigen Variable *Lehrmethode*." Wenig gebräuchliche Verfahren sollten dagegen kurz erläutert werden.

Zuerst der Wald und dann die Bäume

Für die Präsentation der einzelnen Ergebnisse hat Bem (2002) die folgende Regel formuliert: Beschreibe zuerst den "Wald" und dann die "Bäume". Das gilt sowohl für den ganzen Abschnitt als auch für die Einzelergebnisse. Zuerst werden die Hauptbefunde erklärt und danach die eher randständigen. Es sind also inhaltliche Kriterien der Daten, nach denen man den Ergebnisteil gliedert, und nicht künstliche Kriterien wie die Art der statistischen Auswertung.

Für den einzelnen Befund verfährt man nach der Wald-und-Bäume-Regel wie folgt: Zuerst wiederholt man kurz die inhaltliche Frage, um die es geht. Danach wird kurz erwähnt, wie die Frage operationalisiert wurde, und man gibt direkt die Antwort. Erst dann werden die Details und die statistische Auswertung berichtet. Den Abschluss bildet eine zusammenfassende Aussage. Für den Lehrmethodenvergleich könnte das so aussehen:

> Es wurde erwartet, dass die neuen Lehrmethoden N1 und N2 die Lernleistung im Vergleich zur alten Lehrmethode A verbessern. Die Untersuchungsteilnehmer mussten dazu nach der Unterrichtsphase je 10 Behaltens- und Transferaufgaben bearbeiten. Verglichen wurde die Zahl korrekt gelöster Aufgaben in den drei Gruppen. Wie man Tabelle XY auf Seite 67 entnehmen kann, gab es keine Unterschiede bei den Behaltensaufgaben, wohl aber bei den Transferaufgaben. In der Gruppe, die nach der neuen Methode N2 unterrichtet worden war, lösten die Personen im Mittel 7,1 Transferaufgaben, in den anderen beiden Gruppen nur 3,7 beziehungsweise 3,9 ($F_{(2, 27)} = 32{,}79$; $p < 0{,}01$). Nur eine der beiden Lehrmethoden, die Methode N2, erwies sich damit als der alten Methode überlegen.

Gliedert man den Text konsequent auf diese Weise, so kann der Leser leicht entscheiden, in welchem Auflösungsgrad er die Ergebnisse verfolgen und welche Details er überspringen möchte.

Der schriftliche Ergebnisbericht sollte in der Regel von Tabellen oder Grafiken begleitet sein, es sei denn, man hat nur ganz wenige Zahlen zu nennen. Wichtig ist allerdings, dass die Tabellen und Grafiken gut beschriftet und aus sich heraus verständlich sind. Weiterhin muss die Beschriftung konsistent mit dem Begleittext sein. Dies erleichtert es dem Leser, zwischen Tabellen beziehungsweise Grafiken und dem Text hin und her zu springen.

Tabellen und Grafiken

Bereits im Ergebnisteil werden also die einzelnen Befunde im Hinblick auf die jeweilige Fragestellung interpretiert. Eine weiterführende Erläuterung von Konsequenzen der Ergebnisse und theoretische Spekulationen über alternative Erklärungen sollten allerdings in diesem Teil vermieden werden. Dies ist dem letzten Teil des Untersuchungsberichts vorbehalten, der Diskussion.

7.4 Diskussion

Gibt es noch etwas zu sagen, nachdem alle Ergebnisse dargestellt sind? – Häufig sogar sehr viel!

Im letzten Teil des Untersuchungsberichts geht es darum, den roten Faden beziehungsweise die "Geschichte" aus der Einleitung wieder aufzugreifen und Schlussfolgerungen aus den Daten zu ziehen. Die Diskussion soll also nicht deskriptiv die Ergebnisse zusammenfassen oder erklären, sondern vielmehr argumentativ sein: Sie soll den Leser vom eigenen Standpunkt überzeugen, potenzielle Einwände diskutieren und, wenn möglich, ausräumen. Was bedeuten die Ergebnisse in Bezug auf die eigene Fragestellung? Was bedeuten Sie verglichen mit früheren Befunden? Was bedeuten sie für andere Theorien? Gab es überraschende Befunde, die zu Spekulationen anregen? Welche Konsequenzen ergeben sich aus der Untersuchung?

Argumentativ die Einleitung aufgreifen

Gleichzeitig bietet der Diskussionsteil Raum, um auch die Grenzen der Arbeit deutlich zu machen. Ist die Operationalisierung der abhängigen Variablen gelungen, oder gab es zum Beispiel Boden- oder Deckeneffekte? Zeigten die unabhängigen Variablen die erhoffte Wirkung? Wenn nein, warum nicht? Ist die interne Validität der Untersuchung gesichert, oder vermutet man, dass bestimmte Störvariablen die Ergebnisse beeinflusst haben könnten? Lassen sich die Ergebnisse generalisieren, oder ist die Stichprobe möglicherweise verzerrt?

Die Grenzen diskutieren

**Take-home
Botschaft
mitgeben**

Und noch eine Empfehlung zum Schluss: Beenden Sie keinen Bericht mit einer Floskel wie "... und deshalb ist weitere Forschung nötig." Dies ist meistens der Fall, und jeder Leser weiß das. Ein guter Bericht endet mit einer eingängigen *take-home* Botschaft.

Wie könnte die *take-home* Botschaft für das vorliegende Buch lauten? Vielleicht so: "Empirisch so zu forschen, dass man aussagekräftige Ergebnisse erhält, erfordert einiges an methodischem *know-how*, aber die Grundlagen lassen sich kompakt lernen und die Erkenntnisse mit Gewinn einsetzen."

Literaturhinweise

Viele nützliche Tipps zum Abfassen von empirisch-psychologischen Arbeiten von unterschiedlichen Autoren findet man in dem leicht zu lesenden *Guide to Publishing in Psychology Journals* von Sternberg (2000). Die wichtigsten Hinweise sind dort zudem in einer Liste von 50 Tipps zum Schreiben zusammengefasst. Eine kompakte, aber ebenfalls sehr gute Übersicht gibt das Buchkapitel von Bem (2002). Alle wichtigen Standards und Regeln zum Abfassen von Berichten über empirisch-psychologische Arbeiten sind in den *Richtlinien zur Manuskriptgestaltung* der Deutschen Gesellschaft für Psychologie (1997) und im *Publication Manual* der *American Psychological Association* (2001) beschrieben. Das *Publication Manual* gibt zudem eine Fülle von Tipps zu allen Aspekten eines Berichts und erläutert sie an einigen Fallbeispielen, angefangen mit dem Aufbau des Berichts über Schreibstil und Grammatik, die Verwendung von Tabellen, Grafiken und statistischen Kennwerten bis hin zum Drucksatz.

Arbeitsanregungen

Aufgabe 7.1 Was macht eine Einleitung so spannend, dass man den ganzen Artikel lesen möchte? Schmökern Sie einmal in einer Bibliothek durch einige aktuelle Fachzeitschriften mit empirischen Arbeiten zu einem Themengebiet, das Sie interessiert. Blättern Sie die Zeitschriften durch und lesen Sie die Anfänge einiger Artikel (Titel, Abstract und Einleitung). Suchen Sie nach einem Artikel, dessen Eröffnung Sie für interessant – spannend, anregend, vielversprechend – *geschrieben* halten, also einen, der seine Argumente so präsentiert, dass der Anfang Sie zum Weiterlesen animiert. Sicher finden Sie beim Stöbern auch einen Artikel, dessen Anfang Ihnen eher langweilig und schwerfällig erscheint. Versuchen Sie herauszuarbeiten, wie das Thema jeweils eröffnet wird und welche stilistischen und sprachlichen Merkmale den einen Artikel spannend und den anderen langweilig machen.

Aufgabe 7.2 Nehmen Sie sich eine empirische Arbeit vor, die Sie kennen. Das kann ein Fachartikel aus einer Zeitschrift sein, eine Praktikums- oder Diplomarbeit oder auch ein etwas längerer Bericht aus den Printmedien. Schreiben Sie zu dieser Arbeit eine Zusammenfassung von 180 Wörtern und denken Sie sich einen eigenen Titel aus. Beides soll beim Leser Interesse wecken, gut verständlich sein und gleichzeitig die wichtigsten inhaltlichen Aspekte nennen. Halten Sie sich an die Wortbegrenzung, denn gerade dies macht die Schwierigkeit und den Reiz dieser Aufgabe aus. Wahrscheinlich müssen Sie ihren Text zwei- oder dreimal umformulieren, bis alles passt.

Lösungen

Aufgabe 1.1 (Seite 22): (1) Die Arbeit von Plötzner und Beller (2000) untersucht die Frage, warum Schüler oft nicht in der Lage sind, einfache Physikaufgaben zu lösen. Die Hypothese der Autoren lautet: Wenn Personen bei Aufgaben der klassischen Mechanik einen qualitativen *Lösungsansatz* anstelle eines rein quantitativen Ansatzes nutzen, dann erhöht dies die *Problemlöseleistung*.

(2) Die unabhängige Variable ist der *Problemlöseansatz*. Die Variable hat zwei Ausprägungen (qualitativ versus quantitativ), die durch die Art der tutoriellen Unterstützung in der Lernphase operationalisiert wurden. Als abhängige Variable wurde die *Problemlöseleistung* mit einem Mehrkomponententest erfasst, sowie die *Bearbeitungszeiten* für die Aufgaben gemessen und der verwendete *Problemlöseansatz* bei den Aufgaben diagnostiziert, deren Lösung qualitatives und quantitatives Wissen in kombinierter Weise erforderten.

(3) Folgende Moderatorvariablen wurden berücksichtigt: Die *Intelligenz* (gemessen mit dem APM-Test, Advanced-Progressive-Matrices), die *Schule*, von der die Versuchsteilnehmer kamen, ihr *Vorwissen* und das *Geschlecht*. Diese Informationen wurden genutzt, um die Schüler möglichst ausgeglichen auf die Gruppen zu verteilen. Die Umsetzung der *tutoriellen Strategien* wurde standardisiert und trainiert, damit die Tutorinnen soweit wie möglich auf dieselbe Art und Weise vorgehen. Und schließlich wurde auch die *Zeit* für die Aufgabenbearbeitungen erfasst und kontrolliert. Potenzielle Störvariablen könnten die sprachlichen Fähigkeiten oder die Sympathie der Tutorinnen darstellen, aber nur, wenn sie systematisch mit einer der Gruppen konfundiert wären. In der Untersuchung wurden die Tutorinnen abwechselnd in beiden Gruppen eingesetzt, um dieses Problem zu vermeiden.

Aufgabe 2.1 (Seite 60): Das *Universitätsranking* ergibt eine Rangfolge der Universitäten; es stellt eine Ordinalskala dar. *Versuchspersonennummern* sind zwar Zahlenwerte, sie dienen aber nur der eindeutigen Unterscheidung der Personen und stellen deshalb eine Nominalskala dar. Die *Reaktionszeit* auf ein Signal ist eine Verhältnisskala.

Aufgabe 2.2 (Seite 60): Nur Frage (3) ist gut formuliert, das heißt einfach und mit klarer Antwortvorgabe. Frage (1) drückt gleichzeitig eine eigene Meinung aus und ist damit suggestiv. Bei Frage (2) ist die Antwortvorgabe schlecht, weil nicht alle möglichen Parteien angegeben sind. Frage (4) enthält eine Negation, was die Antwort schwer interpretierbar macht.

Aufgabe 3.1 (Seite 83): Der Modalwert beträgt $Mo = 4$; der Median $Md = 5$, der *range* $7 - 3 = 4$, und die Stichprobengröße ist $n = 24$.

Aufgabe 3.2 (Seite 84): Das arithmetische Mittel der Klassenarbeitsnoten beträgt $m = 32,4 / 12 = 2,7$. Damit ergibt sich eine durchschnittliche Abweichung $AD = 8,4 / 12 = 0,7$ und als Standardabweichung die Quadratwurzel aus $7,92 / 12$, also $0,8124$.

Die z-Transformation der Noten von Karin und Cornelia liefert folgende Werte: $z_{Karin} = -0,98$ (Note 1,9 bei $m = 2,7$ und $s = 0,81$) und $z_{Cornelia} = -0,83$ (Note 1,9 bei $m = 2,9$ und $s = 1,20$). Die z-Werte zeigen an, dass beide Noten niedriger als der jeweilige Klassendurchschnitt sind. Wer aber ist besser von beiden? Dazu muss man berücksichtigen, dass kleinere Notenwerte bessere Noten darstellen. Folglich hat Karin bezogen auf ihre Klasse besser abgeschnitten; ihre 1,9 liegt weiter vom Klassendurchschnitt entfernt als die 1,9 ihrer Schwester.

Aufgabe 3.3 (Seite 84): Die grafische Ergebnisdarstellung hat folgende vier Probleme: (a) Bei der senkrechten Achse ist keine Einheit angegeben. (b) Diese Achse beginnt nicht bei 0, sondern zeigt nur einen kleinen Ausschnitt zwischen den Werten 180 bis 200. (c) Grafisch sind die Intervalle für die Jahresangaben alle gleich groß, obwohl es sich manchmal um Einjahres- und manchmal um Zweijahresabstände handelt. (d) Möglicherweise zeigt die Grafik nur einen günstigen Ausschnitt mit einem positiven Trend; Werte früherer Jahre könnten ein anderes Bild ergeben.

Aufgabe 3.4 (Seite 84): Der Schlüssel zur Lösung dieser Aufgabe liegt darin, dass man nicht die gegebenen relativen Häufigkeiten betrachtet, sondern deren Wachstum. Dieses beträgt für die Gesamtbranche 37,5% (von 4,0 auf 5,5), für Ihr Unternehmen aber stolze 83,3% (von 2,4 auf 4,4).

Aufgabe 4.2 (Seite 98): Das Konfidenzintervall berechnet sich nach der Formel $m \pm z_{99\%} \cdot \hat{\sigma}_m$. Der Stichprobenmittelwert ist gegeben ($m = 32$), der geschätzte Standardfehler des Mittelwerts $\hat{\sigma}_m$ muss aus der geschätzten Populationsvarianz $\hat{\sigma}^2$ und der Stichprobengröße n berechnet werden. Die Standardabweichung in der Stichprobe betrug $s = 7$. Damit ergibt sich:

$$\hat{\sigma}_m = \sqrt{\frac{\hat{\sigma}^2}{n}} = \sqrt{\frac{(s^2 \cdot n)/(n-1)}{n}} = \sqrt{\frac{s^2}{(n-1)}} = \sqrt{\frac{49}{98}} = \sqrt{0,5} = 0,707$$

Der relevante z-Wert für das 99%-Konfidenzintervall ist 2,58. Die Intervallgrenzen berechnet man nach der Formel: $m \pm z_{99\%} \cdot \hat{\sigma}_m = 32 \pm 2,58 \cdot 0,707$. Der Populationsmittelwert liegt mit einer Wahrscheinlichkeit von 99% zwischen 30,176 und 33,824.

Aufgabe 6.1 (Seite 151): Für die Verpackungsgrößen soll geprüft werden, ob die Verkaufsdaten für eine Gleichverteilung auf die drei verschiedenen Größen (klein, mittel, groß) sprechen oder ob sich mindestens zwei der Häufigkeiten signifikant unterscheiden.

(a) Die statistischen Hypothesen lauten also: $f_{\text{klein}} = f_{\text{mittel}} = f_{\text{groß}}$ (H_0; Gleichverteilung) und $f_{\text{Größe\_1}} \neq f_{\text{Größe\_2}}$ (H_1; mindestens zwei Häufigkeiten sind verschieden). Es handelt sich um eine ungerichtete Hypothese.

(b) Um Häufigkeitsdaten eines Merkmals mit $k = 3$ Kategorien auf eine Gleichverteilung zu testen, kommt der eindimensionale χ^2-Test in Frage. Bei einer Gleichverteilung wird jede Packungsgröße mit einer Häufigkeit von $f_e = 100$ erwartet. Für die Daten ergibt sich folgender χ^2-Wert:

$$\chi^2 = \frac{(120 - 100)^2}{100} + \frac{(65 - 100)^2}{100} + \frac{(115 - 100)^2}{100} = 18{,}5$$

Der Test hat $df = k - 1 = 3 - 1 = 2$ Freiheitsgrade. Damit ein χ^2-Wert bei 2 Freiheitsgraden, einer ungerichteten Hypothese und einem α-Niveau von 0,01 statistisch signifikant wird, muss er den Wert von 9,21 überschreiten (Tabelle Seite 118). Dies ist hier der Fall. Die Verkaufszahlen sprechen also für eine Auslieferung unterschiedlicher Anzahlen der drei Verpackungen.

(c) Es muss die Effektgröße ε bestimmt werden. Der Wert von $\varepsilon = 0{,}248$ spricht für einen mittelgroßen Effekt.

$$\varepsilon = \sqrt{\sum_{j=1}^{k} \frac{(\pi_{b(j)} - \pi_{e(j)})^2}{\pi_{e(j)}}}$$

$$\varepsilon = \sqrt{\frac{\left(\frac{120}{300} - \frac{1}{3}\right)^2}{\frac{1}{3}} + \frac{\left(\frac{65}{300} - \frac{1}{3}\right)^2}{\frac{1}{3}} + \frac{\left(\frac{115}{300} - \frac{1}{3}\right)^2}{\frac{1}{3}}} = 0{,}248$$

Aufgabe 6.2 (Seite 151): Der Mittelwertsunterschied ist bei einer einseitigen Fragestellung statistisch signifikant, nicht aber bei einer zweiseitigen Fragestellung. Die gegebene Tabelle gibt die t-Werte für eine *einseitige* Fragestellung an. Der kritische t-Wert für einen einseitigen t-Test kann deshalb direkt bei der Wahrscheinlichkeit von $p = 0{,}95$ abgelesen werden; nur 5% aller t-Werte sind zufällig größer als $t = 1{,}708$. Der empirisch ermittelte Wert von $t = 1{,}93$ überschreitet diesen Wert, der t-Test ist signifikant. Bei einem zweiseitigen Test wird das α-Niveau halbiert. Je 2,5% werden auf beide Seiten der t-Verteilung gelegt. Der kritische t-Wert muss nun bei der Wahrscheinlichkeit von $p = 0{,}975$ abgelesen werden und beträgt $t = 2{,}060$. Jenseits dieses Wertes liegen 2,5% aller t-Werte. Der empirisch ermittelte t-Wert übersteigt diesen Wert allerdings nicht.

Aufgabe 6.3 (Seite 152): Für diese Untersuchung ist ein zweifaktorielles Design erforderlich. Als erste unabhängige Variable variiert man die Programme in vier Ausprägungen (3D, 2D-1, 2D-2 und 2D-3). Die Komplexität der Aufgaben geht als zweite unabhängige Variable mit zwei Ausprägungen (gering und hoch) in die Untersuchung ein. Erhoben wird die Bearbeitungszeit für die Aufgaben, also eine *verhältnisskalierte* Variable. Unterschiede in den mittleren Lösungszeiten in den verschiedenen Gruppen lassen sich durch eine zweifaktorielle Varianzanalyse prüfen, und zwar sowohl die Haupteffekte als auch die Interaktion der beiden Faktoren.

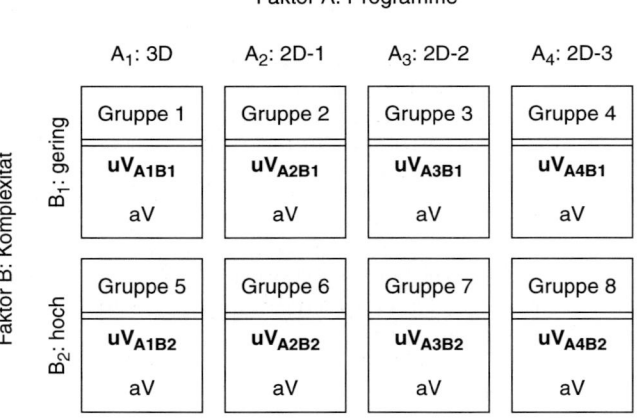

Aufgabe 6.4 (Seite 152): Den Interaktionsdiagrammen lassen sich folgende Effekte entnehmen:

In Diagramm (1) liegt *keine* Interaktion vor; die Linienzüge verlaufen parallel. Es gibt auch *keinen* Haupteffekt des Faktors A. Über jeweils beide Werte von B gemittelt, gibt es keinen Unterschied zwischen den beiden Ausprägungen a_1 und a_2. Sowohl unter der Wirkung von a_1 als auch von a_2 wurde im Durchschnitt ein Wert von 3 gemessen. Allerdings gibt es einen Haupteffekt des Faktors B. Unter der Wirkung von b_1 wurde im Durchschnitt ein Wert von 4 beobachtet, unter der Wirkung von b_2 nur ein Wert von 2.

In Diagramm (2) *liegt* eine Interaktion vor; die Linienzüge verlaufen nicht parallel. Wieder gibt es *keinen* Haupteffekt des Faktors A. Über jeweils beide Werte von B gemittelt, wurde sowohl unter der Wirkung von a_1 als auch von a_2 ein Wert von 2,5 gemessen. Wieder gibt es einen Haupteffekt des Faktors B. Unter der Wirkung von b_1 wurde im Durchschnitt ein Wert von 3 beobachtet, unter der Wirkung von b_2 nur ein Wert von 2. Dieser Haupteffekt darf aber nicht interpretiert werden, weil die Linienzüge nicht gleichsinnig zu- oder abnehmen.

Literaturverzeichnis

American Psychological Association (2001). *Publication Manual of the American Psychological Association* (5th Edition). Washington, DC: Author.

Batinic, B., Reips, U.-D. & Bosniak, M. (Eds.) (2002). *Online social sciences*. Seattle: Hogrefe & Huber.

Beck-Bornholdt, H.-P. & Dubben, H.-H. (1997). *Der Hund, der Eier legt: Erkennen von Fehlinformation durch Querdenken.* Reinbek: Rowohlt.

Beck-Bornholdt, H.-P. & Dubben, H.-H. (2003). *Der Schein der Weisen: Irrtümer und Fehlurteile im täglichen Denken.* Reinbek: Rowohlt.

Bem, D.J. (2002). Writing the empirical journal article. In J.M. Darley, M.P. Zanna & H.L. Roediger III (Eds.), *The compleat academic: A career guide.* Washington, DC: American Psychological Association.

Birnbaum, M.H. (Ed.) (2000). *Psychological experiments on the internet.* San Diego: Academic Press.

Bortz, J. (1999). *Statistik für Sozialwissenschaftler.* Berlin: Springer.

Bortz, J. & Döring, N. (2002). *Forschungsmethoden und Evaluation.* Berlin: Springer.

Bühner, M. (2004). *Einführung in die Test- und Fragebogenkonstruktion.* München: Pearson Studium.

Cohen, J. (1988). *Statistical power analysis for the behavioral sciences.* Hillsdale, NJ: Erlbaum.

Deutsche Gesellschaft für Psychologie (Hrsg.) (1997). *Richtlinien zur Manuskriptgestaltung.* Göttingen: Hogrefe.

Ericsson, K.A. & Simon, H.A. (1984). *Protocol analysis. Verbal reports as data.* Cambridge, MA: The MIT Press.

Faßnacht, G. (1995). *Systematische Verhaltensbeobachtung. Eine Einführung in die Methodologie und Praxis.* München: Ernst Reinhardt.

Hays, W.L. (1994). *Statistics.* Fort Worth, TX: Harcourt.

Huber, O. (2000). *Das psychologische Experiment: Eine Einführung.* Bern: Huber.

Janetzko, D. (1999). *Statistische Anwendungen im Internet.* München: Addison-Wesley.

Krämer, W. (1997). *So lügt man mit Statistik.* Frankfurt: Campus. (2000 erschienen bei Piper in München).

Kritz, J., Lück, J.E. & Heidbrink, H. (1996). *Wissenschafts- und Erkenntnistheorie: Eine Einführung für Psychologen und Humanwissenschaftler.* Opladen: Leske + Budrich.

Leonhart, R. (2004). *Lehrbuch Statistik.* Bern: Huber.

Litzcke, S.M., Ambrosy, I. & Schuh, H. (2001). *Erfolgreich Präsentieren. Die Psychologie macht's*. Köln: Deutscher Institutsverlag.

Mayer, H.O. (2004). *Interview und schriftliche Befragung: Entwicklung, Durchführung und Auswertung*. München: Oldenbourg.

Mayring, P. (2003). *Qualitative Inhaltsanalyse. Grundlagen und Techniken*. Weinheim: Beltz.

Mummendey, H.D. (2003). *Die Fragebogenmethode*. Göttingen: Hogrefe.

Myers, J.L. & Well, A.D. (2003). *Research design and statistical analysis*. Mahwah, NJ: Erlbaum.

Nachtigall, C. & Wirtz, M. (2002). *Wahrscheinlichtkeitsrechnung und Inferenzstatistik. Statistische Methoden für Psychologen Teil 2*. Weinheim: Juventa.

Plötzner, R. & Beller, S. (2000). Teaching and supporting the use of qualitative and quantitative concepts in classical mechanics. In L. Gleitman & A. K. Joshi (Eds.), *Proceedings of the Twenty-Second Annual Conference of the Cognitive Science Society* (pp. 853-858). Mahwah, NJ: Erlbaum.

Rost, J. (2004). *Lehrbuch Testtheorie – Testkonstruktion*. Bern: Huber.

Schumann, H. & Müller, W. (2000). *Visualisierung: Grundlagen und allgemeine Methoden*. Berlin: Springer.

Sedlmeier, P. & Köhlers, D. (2001). *Wahrscheinlichkeiten im Alltag: Statistik ohne Formeln*. Braunschweig: Westermann.

Sternberg, R.J. (Ed.) (2000). *Guide to Publishing in Psychology Journals*. Cambridge, UK: Cambridge University Press.

Steyer, R. & Eid, M. (2001). *Messen und Testen*. Berlin: Springer.

Tufte, E.R. (2001). *The visual display of quantitative information*. Cheshire, Connecticut: Graphics Press.

Westermann, R. (2000). *Wissenschaftstheorie und Experimentalmethodik*. Göttingen: Hogrefe.

Wirtz, M. & Nachtigall, C. (2002). *Deskriptive Statistik. Statistische Methoden für Psychologen, Teil 1*. Weinheim: Juventa.

Sachverzeichnis

Symbolverzeichnis

Lateinische Symbole

GAM   Gewichtetes Arithmetisches Mittel

Griechische und sonstige Symbole

Anzeigen

Jürgen Rost

Lehrbuch Testtheorie - Testkonstruktion

2., vollst. überarb. u. erw. Aufl. 2004.
426 S., 157 Abb. Mit beigelegter
CD-ROM, Gb € 49.95 / CHF 86.00
(ISBN 3-456-83964-2)

Das Buch gibt eine umfassende Einführung in das Gebiet
der psychologischen Testtheorie, der Testkonstruktion und
der Testanalyse. Das Lehrbuch ist bereits in den Anfangs-
semestern der meisten Studiengänge einsetzbar und eignet
sich – besonders dank der beigelegten CD-ROM – auch für
das Selbststudium.

Verlag Hans Huber
Bern Göttingen Toronto Seattle

http://verlag.hanshuber.com

Rainer Leonhart

Lehrbuch Statistik

Einstieg und Vertiefung

2004. 496 S., 93 Abb., 148 Tab., Gb
€ 29.95 / CHF 52.50
(ISBN 3-456-84034-9)

Dieses grundlegende Lehrbuch stellt in moderner Form anhand der klassischen Gliederung alle relevanten Themen der Statistik im Bereich der Sozialwissenschaften vor. Es basiert auf einer profunden Lehrerfahrung des Autors und zeichnet sich durch eine kompakte und klare Darstellung der relevanten Inhalte aus. Die einzelnen Kapitel werden durch Beispielberechungen, eine Zusammenfassung und Aufgaben mit Musterlösungen vertieft. Ein gut strukturiertes Layout gewährleistet das schnelle Auffinden wichtiger Kernaussagen.

Das didaktische Konzept wurde im Laufe der Lehrtätigkeit des Autors kontinuierlich verbessert. Die kompakte und klare Darstellung konzentriert sich auf wichtige Kernaussagen.

Verlag Hans Huber
Bern Göttingen Toronto Seattle

http://verlag.hanshuber.com